成功者はさらに加速！
失敗している人も逆転可能!!

勝ち抜くための不動産投資戦略

木村厚夫
（孫子大家）

とりい書房

はじめに

本書を手に取っていただき、ありがとうございます。

本書の第1章では、気構えやメンタルについてお話ししておりますが、その他ほとんどの章は大家として、「どうやってより高収益に、より規模を大きく、より安定的にビジネスを運営していくか」について述べる内容となっております。

具体的に使えるように記載しているため、物件を持っていない初心者の方には難しい内容が多いかもしれません。

本書をご購入いただいた方は、一度読んだだけで本棚にしまうのではなく、物件を購入した時や、一年に一度など折に触れてお読みいただければ、その時のお困りの状況に応じて何らかのアイデアが思いつく一助になるはずです。

そのため、まだ物件を購入したことがない方は併せて私の一冊目の本、『サラリーマンが副業で 最短で年収を超える不動産投資法』（ぱる出版）を、ぜひお読みいただければと思います。

さて、近年稀にみる露骨なステマを繰り出したところで（笑）、もう一つお伝えしたいことがあります。

よく書籍を出版すると「これは本を使ったマーケティングだ！」と非難される方がおられます。ですから初めに宣言しておきますが、私は有料会員制の大家会を運営しております。

私は、この有料会員制の大家会『軍師大家の会』の運営を自信をもって行っております。会員さんには入会費以上に金銭的メリットがあると考えているので、本書も自信をもってその宣伝のためのツールとして執筆しております。

ですが、これはいけないことでしょうか？

執筆の印税は10％程度です。大家本としてはかなり大成功した本でも1万部程度の販売になります。これでは印税は知れていますよね？

しかし、執筆にかかる時間は百時間では足りません。

不動産賃貸業で十分に儲けて、売却益で簡単に数百万円、数千万円の利益が出せるのに、印税のために執筆するのはナンセンスでしょう。
人によって目的は違うと思いますが、

・名誉欲
・一度は執筆してみたかった
・名前を売って、何らかのキックバックがある高額商品を買わせたい
・名前を売って、何らかのキャリアにつなげたい

など様々な執筆理由はありますが、私は『軍師大家の会』の参加者が増えてもらえればと願っています。

それは、もちろん会員さんが増えれば利益が出るというのもありますが、ずっと一人で大家業を孤独にやられてきた方は、入会いただいて一年単位で勉強することにより、圧倒的に利益を出せると考えているからです。

これは断言できますが、私自身が投資初期の段階で『軍師大家の会』に入会できていたなら、少なくとも3年は早く今の経済状態にたどり着いていたでしょう。

そのため、大家業を真剣に志す方には、ぜひ『軍師大家の会』へご入会をご検討いただきたいと思っています。

実際、10年弱の大家業の経験をお持ちの方が入会されて「もっと早く知っていたら、毎年数百万円の利益が増えていたのに……」というコメントもいただいております。

多くの経験を持つ大家さんでもそうですから、特に初心者や中級者の大家さんでしたら、しっかりと1年、2年の時間をとって大家会で勉強してもらうほうが、圧倒的に利益を上げられる自信があります。

まず、下手な物件を買うことはありませんし、普通に運営していくとしても運営コストを大幅に下げる知識や人脈が得られます。大家会に入る金額や、時間的コストは簡単に回収できます。

本書では大家会の事例なども多数出てまいりますので、どうしても生理的にそういうものが気に食わないという方は、ここで本書を棚にそっと戻していただければと思います。

勿論、大家会には興味はないけれども、本書のタイトルにもあるように、

・**大家業で成功をさらに拡大したい！**
・**失敗しているけれど逆転したい！**

という方はこのまま読み進めてください。

有料大家会に入るお金はないけれど、何とか本代だけで勉強してやる！
という熱い思いをお持ちの方、全然ＯＫです。

本書の中のたくさんのアイデアの一つでもモノにできれば、絶対に利益が出せるので、最高の投資になると思います。

ただ……立ち読みではなく、せめて買ってくださいね(笑)。

なぜ初めに、わざわざこんなことを書くのかというと、

『有料の大家会』＝全て悪！　無料で教えるのが当然だ‼

という原理主義のような大家さんもいるからです。

ですが私は、普通に考えて昔からの親友でもない限り、その業界で成功して何千万円も稼いでいる先輩が、何回も失敗して苦労して身に着けた知識や人脈を、「タダで紹介してほしい！」とお願いするほうが非常識でないかと思います。

そしてそういう方は、例えば大工さんや銀行の方、不動産仲介会社、税理士さん、弁護士さん、司法書士さんにも、同じように接してしまうから、中長期的な自分のチームが作れず、小規模のまま成長できないのでしょう。

大家業は成功すれば、年収１０００万円以上は余裕にある世界です。何でもかんでも「お金を使えばいい！」ということはありませんが、これは大家会に限らず、大家業界に関わる様々な職種のプロたちが、その経験を活かして得た知恵やノウハウに対して、敬意をもって「それはタダでない」と考えて接してください。そうすれば、その方たちは貴方のチームになってくれます。

そして優秀なチームができれば、どんどん大家業は楽になりますし、収益性が増し、規模も大きくなっていきます。

確かに無料で色々と親切に教えてくれる大家さんも実際にいますし、本当に気が合えば、無料でもかなり細かく、丁寧に教えてくれる方もいます。

ですが、残念ながら大家業界、不動産業界は大きなお金が動く魑魅魍魎の世界です。

無料で何かをしてくれるほとんどの方が、裏で何かその方に得なことがあるから、そうしてくれるのです。

その時の、被害は圧倒的に大きな金額になり、下手をすると人生が変わってしまうほどダメージを受けることがあります。

そう、まるで一棟目の購入で失敗した私のように……。

なお一棟目の失敗からの復活エピソードは私の一冊目の本『サラリーマンが副業で最短で年収を超える不動産投資法』（ぱる出版）に詳しく記述しています。

まさか、『はじめに』で前著の宣伝が2回も来ると思いませんでしたよね（笑）。

まだお読みになっていない方に、どうしても読んでほしかったので書いてみました。

中古本でもいいのでぜひ読んで、本著、前著ともに貴方の不動産投資成功の一助となれば著者として、これ以上喜ばしいことはないのでよろしくお願いいたします。

さてさて、お金というカテゴリーに属する本の中では、かなりおふざけに富んだ書き出しとなりましたが、本書の内容については上級の大家さんでも学びになる、かなり高レベルな話にまで触れたマニアックな本になっていると思います。

ぜひ楽しんで読んでいただければ幸甚です。

もくじ

第1章

総論
自分で稼ぐことが必要になった時代において

長生きするリスクを正確に理解しよう

皆さん、現在の日本の平均寿命はご存じでしょうか。２０１９年の厚生省のデータによると男性で81・25歳、女性で87・32歳です。あくまでもこれは平均値なので長生きすることも考えると、ご自身の生活設計をこの年齢まで持たせれば良いというものではありません。

そこで90歳まで生きる確率を調べたら女性で50・5％、男性で26・5％が存命と分かりました。科学や医療が日進月歩の発展を見せており、現在の現役世代の我々が存命する確率を考えると、最低でも90歳までは生存する前提条件のもと生活設計をするべきではないでしょうか？

では90歳まで生きるとして、皆さんの生活は安全なのか検証してみましょう。勉強熱心な皆さんには釈迦に説法でしょうが、現状の年金制度だけでは、なかなか豊かな老後を過ごすことは難しいと言わざるを得ません。

また、年金制度はかなり楽天的に設計されているので、私としては政府の発表した老後２０００万円問題は少なすぎるように感じます。今後年金制度が改悪されることを考えると、実際は２０００万円どころではなく、リアルな死亡可能性年齢を考えていくと、もっと大きな額が必要になると推測します。

この問題に対して金融庁や厚生労働省は、ＮＩＳＡ・iDeCoを使って株式に現金を投入して資産形成を呼び掛けています。しかし、私はこれについても大きなリスクを感じています。『金持ち父さん 貧乏父さん』（筑摩書房）の著者であるロバート・キヨサキ氏も警鐘を鳴らしていますが、アメリカの私的年金制度４０１Ｋと全く同じことが起こると考えられるからです。

詳細はロバート・キヨサキ氏の本をお読みいただければと思いますが、定年世代が株を現金化してお金を引き出していく、そのタイミングで株価が下落すると考えられています。そのため、株を主戦場として投資している方の資産低下が懸念されることをロバート氏は示唆しています。

しかし、それでも国はこの施策を進めます。なぜなら株の買い手が増えれば株価が上がる。「株価が上がる ＝ 景気が良いと判断される ＝ 政府の支持率が上がる」……となり、国として選挙で選ばれる政治家になれるためです。

まず選挙に勝たなければ何もできない政治家からすると、当然今の時点では強く進めたい制度ですから仕方ありません。

このＮＩＳＡ（運用期間5年）はいいとして、iDeCo（原則60歳から引き落とし可能）のデメリットはもう一つあります。

そのデメリットというのは前述したように、60歳まで現金化できないことです。これでは戦争など大きな環境の変化が起こったときに機動的に資産運用ができず、大きな足かせになる可能性があります。

税金の繰り延べというメリットはありますが、それに対して他の投資手法を知っている人のリスクとリターンを考えてみると、なかなか大きなデメリットではないでしょうか？

健康な生活を維持するために必要になるお金

２０１9年に金融庁から「人生１００年時代」を踏まえて男性65歳、女性60歳以上の夫婦が年金だけで生きるには、毎月5万円以上と計算した場合、約２０００万円の資産が必要になると発表され、野党を中心に世間は「我々は老後に備えてどうしたらいいんだ！」と騒ぎ立てました。

２０１７年度のデータでは高齢夫婦の平均純貯蓄額は２４８４万円。ほとんどが退職金で賄われてきたと考えられるのですが、残念ながら１９９７年を最後に、その原資の退職金は減り続けている事実があります。

しかし、これはあくまでも現時点のデータです。今後は次のように推測されています。

【老後の懸念】

・寿命がより延びる

・退職金が減少傾向になる

・年金支給額が減少する

このことから老後資金２０００万円不足が問題なのは、あくまでも現時点の問題であり、現役世代の我々に対してはよりシビアに考えて、２０００万円よりも多くの老後資金を準備することが求められています。

45歳以上のリストラがなぜ起こっていくか

本書を執筆している２０２０年7月は、新型コロナウイルスの影響を受けて世間が大騒ぎしています。企業はリストラなども進めていますが、リストラは既にコロナの前から行われていました。

例えばテレビメディアなどでも、２０１９年は大企業が自社の45歳以上の従業員を大幅リストラする問題が大きく取り沙汰されていました。

このニュースの前から、私も会社員として10年以上転職のサポートや採用コンサルの仕事をしている中で、時代の変化を感じていました。

２０１０年代の前半は不景気と言われつつも、各業界が再編し転職が一般化していきました。その中で「35歳限界説」がクローズアップされ、35歳までであれば多少は業界をまたいでも、一般職種でも転職ができていたのです。

２０１０年代後半になると若手の転職者の数に対して企業の募集が多くなり、35歳までであった求人が40歳（職種によっては42・3歳まで）までに拡大されていきました。40歳以上に関しては部下のマネージメントがある人は転職が容易でした。

少子高齢化の中で企業は若手の人材を求めつつも、適任者がいないなら仕方がないと採用年齢を引き上げていく流れが確かにあったのです。

それに対し2018年～2019年にかけて、大企業が今までとはちがうリストラを発表し始めます。

これまでは企業の業績が悪化しているため、それに対してリストラが行われてきましたが、今回は企業の業績が悪化しているわけでもなく、むしろ利益が出ているうちに希望退職や早期退職を奨励するようになりました。

私はその原因が大きく2つあると考えます。

【原因①】

技術が日進月歩しデータベースシステムが世界規模で開発され、それを各社がカスタマイズして導入する流れが一般化しました。顧客サイド（会社員として購入して使う側＝一般会社員）がそれに合わせて使い方を覚え、日々リニューアルされていくシステムを取り入れる必要性が高まっています。

当然ＩＴ技術以外のすべての技術開発もよりスピードアップし、今までの経験の価値が下がり、むしろ成功体験があるが故、変化することができない人に対する価値が大幅に下落したのも原因の一つです。

【原因②】

もう一つの理由は年功序列制度です。企業の利益は限られているわけで、人件費としてこれを分配します。

グローバリゼーションが進む中で、日本企業は従業員の確保という点でも世界の各企業と戦う必要があります。

ライバルの外資系の企業や日本でもベンチャー企業は、その従業員の能力に対して給料を払う給与制度を取っていることが多く、日本の限られた労働者の奪い合いの中で、年功序列の大企業は給与面で魅力ある金額の提示ができませんでした。

この問題を根本的に解決するために、一体どうすればいいのでしょうか。

経験の価値が昔よりも下がったという現実がある以上、変化に対して弱い45歳以上の人件費を抑えて、より優秀な若手に高額の給与を支払えるようにするのは、グローバル社会において企業が生き残っていくためには当然の流れと言えるでしょう。

このように技術進歩とグローバリゼーションの中で、明らかに今後も世の中がより変わっていくことは確定事項です。その中で60歳、ましてや65歳まで仕事をして老後の資金を貯めていくのは、非常に難易度が高いと想像がつきます。

更に、２０２０年のコロナショックを発端とするテレワークの進歩などは、この流れをより大きく加速させると考えられます。

以上のことから、インフラ系の超大手企業で順調に出世しているなどの一部の人を除くと、この変化を受け入れて定年まである程度の高額な年収を稼いでいくのは、かなり厳しいと考えるのが現実的だと思います。

その上でそれを受け入れ人生設計をしていくことが、我々現役世代に求められているのではないかと考察します。

時間を味方にする人と、時間に追いつめられる人の違い

前節のように、いろいろな技術やルールの進歩が昔の数倍以上スピーディーに変化するよ

うになった現代、及び近未来の会社員は、30代のころと同じ、もしくはそれ以上の生産性を40代50代で出していくことは難しいと言えます。

さらには平均寿命はより長くなるので、一生涯にかかる経費はその伸びた寿命だけ増えます。

以上の背景から「お金」という観点のみで考えると、現役世代の人は今の退職間際の世代や、既に退職した世代と比べて生涯賃金は伸びにくく、生涯生存コストは増大しているわけです。

こうなってしまうと長生きをすればするほど働いていない期間（お金が減っていく期間）が増えるため貧乏になる……つまり時間が金銭面では敵になってしまうのです。

対して政府は年金の受給開始を後ろ倒しにして、２０２０年時点で65歳以降から、更に今後はもっと遅くのスタートにしていくことで財源の負担を少しでも軽くしようとしています。これは国民に対して65歳、場合によってはもっと長い期間の労働を求めていることになります。

しかしながら、単純労働はまだしもテクノロジーが日進月歩で進歩していき、システムが日々めまぐるしく変わる現代あるいは未来に、果たして60歳以上の労働者が社会の中で高い生産性を発揮しうるでしょうか？　残念ながら、本当に一部の超エリートを除くとそれは難しいのではないかと考えます。

そうなると、あまり年齢にかかわらずに収益を生む資産……例えば私のやっている不動産投資や、他の方の成功している株式投資という手法を使って、時間経過によって収益を上げていく方法は、寿命のどんどん長くなる我々現役世代にとっては避けて通れない、人生をより良く生きるためには必須のスキルとなるのです。

やり直しの利かない人生における正しい生存戦略（正しいリスク管理　お金＝選択肢）

「一度しかない人生だから好きなことをやれ！」

そんな勇ましい言葉もありますが、私は無責任極まりない言葉と受け止めています。成功した人には大きく分けて2つのパターンがあると思うのです。もちろん「宝くじに当たる」「大金持ちと結婚する」というような例外は除きます。

【成功パターン①】
圧倒的に優秀で、成功するべくして成功する
【成功パターン②】
基礎能力は普通だが自分の特技に全力を集中して、特定分野における特異的な強さを作り出して成功する

「一度しかない人生だから好きなことをやれ！」という言葉を①のような方が使う場合は、例えばホリエモンこと堀江貴文氏があげられると思います。彼のような超優秀な人間は、「東大に入るのは努力とリターンのコストパフォーマンスが良いから」との理由で、集中して勉強さえすれば東大受験に合格します。

そのような方は自分の好きなことをして仮に失敗しても、そこからの経験で十分に学びを得られます。失敗して0になったとしても、学びを次のビジネスの種に変え、容易にリカバーできるわけですから、①のタイプにとっては確かにその通りです。

では私のようなその他大勢の方と、そこまで大きな差がない才能を持つ大多数にとって、この言葉は正しいのでしょうか？

私の意見はハッキリとＮＯです。「一度しかないからこそ失敗したらどうするの？」という不安を先に覚えるのが私の考え方です。

これは私の人生の根幹を作っている【孫子の兵法】の応用ですが、それを超意訳すると次の考え方になります。

・勝てるかも知れない、そのような戦いはしない
・必ず勝てる状況を作ってから戦う
・必ず勝てるから、戦わずして相手を降伏させる

もちろん人生は有限です。あなたが「どうしても5年で100億円を手にしたい！」と望むなら、全てを投げ売ってでも会社を上場させるしか方法が無いのかもしれません。

しかし、私が会社員としてコンサルをしてきたお客様、個人として資産相談に乗ってきたお客様は延べ2000人を超えますが、リスクも理解した上でそういうご希望の方はいませんでした。

では「上場企業を作りたい」「ノーベル賞を取りたい」など、一部のとても志が高くて素晴らしい方は置いておき、それ以外の多くの人々が抱くのはいったいどんな夢なのでしょうか？

それは一言でいうと『小金持ちになれば叶う夢』、もしくは『小金持ちになる夢』でした。

【小金持ちになれば叶う夢】もしくは【小金持ちになる夢】

- 会社で出世して役員まで上り詰めたい
- まずは現金で1億円が欲しい
- 年収1000万円～3000万円が欲しい
- 不労所得で年間1000万円が欲しい
- 子どもの成長をゆっくり見守るための時間が欲しい
- 会社をクビになっても不安なく暮らせる収入が欲しい
- 育ててくれた両親の生活費を負担したり、お世話になった方や家族と年数回の海外旅行にビジネスクラスで行きたい
- 老後の経済的不安を無くしたい

これらの方の希望は、いわゆる年収や資産規模で一般的サラリーマン層の3～10倍くらいを指していると考えられ、多くの方はこれが達成できれば、幸せな状態に該当すると考えられているようです。

では、これら【小金持ちになれば叶う夢】の達成を諦めて、今すぐに「一度しかない人生だから好きなことをやれ！」を実行する必要はありますか？

もし失敗したらとり返しがつかないですよね？　欲ばりな私は【小金持ちになれば叶う夢】と、【一度しかない人生だから好きなことを思い切りやる】のは両立できると考えています。

そのためには、先に小金持ちになる（＝孫子の兵法でいう所の、負けない体制を整える）ことです。一度これを達成すると、生活自体はそれだけで十分に良い生活ができます。極端な話が利益を無視して何度でも夢に挑戦できますし、時間をかけられます。

私の運営している大家会でも動物保護のＮＰＯや、身体障碍者の方の施設を作ることを目標として、そのための安定的な収入を先に得るのを目的に会に入会していただき、努力されている方もおられます。

もしあなたが、そういう夢をお持ちであれば、恥ずかしがらずに、いろんな人に言ってください。ある程度お金持ちになっている人は、そういった方を応援するのが好きであることが多く、もしかすると喜んで、あなたのメンターになってくれるかもしれません。

一度しかない人生だからこそ、小金持ちになった上で夢を目指して挑戦するとします。仮に目標まで届かなかったとしても、経済的には周りの人よりもずっと裕福であれば、それは「幸せな人生 ＝ 勝ち」ではないでしょうか？

まず、小金持ちになる。それが【やり直しの利かない人生における正しい生存戦略】だと私は考えます。

また明確な夢がある人はパワーにあふれ、周りの人が応援してくれる機会も多くなります。ぜひ明確な夢を設定し、それを周囲に話してください。その上で夢を追いかけながらも、同時進行で小金持ちになってください。

私の経験上、大家業は時間をかけさえすればかなりの高い確率で、一般的なサラリーマン層の3～5倍のお金が自由に使えるレベルを達成できます。そうすれば、人生において失敗を恐れず、本当にしたいことに挑戦できる人が増え、日本にとってもよい流れが生まれると私は考えています。

恐れず確実な一歩を踏み出しましょう！

ピンチに対する考え方

では小金持ちになっていく過程で、いろんなピンチやチャンスが訪れますが、ピンチによって脱落してしまうとそこで試合終了となります。そのため、ピンチとは何か？　そのピンチに対して、どのように立ち向かえばいいのかを考えていきたいと思います。

私の主催する大家会（軍師大家の会）でも、会員様に何度も何度もお伝えしているのは、「ピンチはチャンス」という言葉です。

一年毎に更新されるシステムの大家会なので、新規メンバーは初めこそ恥ずかしがっているのですが、年末に私が、「〇〇って困りますよね、でも皆さんピンチは？」と問えば一斉に「チャンス‼」と叫ぶ、どこか新興宗教のような光景が繰り広げられます（笑）。

しかしこの考え方は何かを学ぶよりも、とても重要だと私自身が強く信じています。それは長い間ビジネスをしていると、良いことも悪いことも起こるからです。しかし成功者は、良いことは当然として、悪いことの中にもチャンス（機会）を見出し、それを利益に変えられるのです。

このような言い方をすると苦しんでいる方には申し訳ないのですが、私や軍師大家の会のメンバーは今回のコロナウィルス騒動でさえも、「またとないチャンス！」と捉え、よりビジネスを加速させています。

中長期で見て、より高利益体質になるよう経営の見直しを図り、世の中すべてに起こったコロナという事象を、自分にとっては経済的に良いことへ変えています。

くわえて大家会では、自主的に参加することを推奨しています。これはどの団体に所属しても、与えられるイベントや授業をただただ受けている人と、自分で質問したり企画したりする人では、人脈の形成速度やチャンスに対する考え方が圧倒的に違ってきます。

言葉で聞くと当然と思われるかもしれませんが、皆様会社やボランティア、友達との飲み会の設定など、自分から動けていますか？　もし自信をもって「ハイ」と言えない方は、ぜひ自分から、イベントやプロジェクトに積極的に参加してみてください。きっと新たな出会いや、学びがあるでしょう。

絶滅しない生物の生存戦略

ではここで、生物界において生物が生き残って子孫をつないでいく手段から、負けない戦略について学んでいきましょう。

生物界において【強い】とはどういうことでしょうか？

強いのは、クマ？　ライオン？　チーター？　カバ？　象？　サメ？　毒蛇？

いろんな考え方がありますが、例えばかつてのヨーロッパや中東でも生息していたライオンは、ローマ時代にその強さ故、コロシアムでの剣闘の見世物にするため捕らえられました。そのため、現在同エリアでは姿を消してしまいました。

逆に強いとは言えない犬や猫は、人間という覇権を握る媒体へ上手に取り入ることで、現在では世界各地にその生存圏を広めています。

私を含め、日本人の大多数が嫌いなG氏も、寒冷地を除く非常に多くのエリアでその生息数を増やしています。

つまり環境破壊をして、自然を壊し続ける悪魔のような「人類」という災害。それに合わせて進化や生態適応を続け、人間の繁栄という多くの生物が絶滅に追いやられる事象から生き延びた生物が、今の時点の地球では成功していると言えないでしょうか？

考えてみてください。私たちの生きている現代も、いろいろな災害や経済危機、技術進歩などが起こる中で、単に力の強いものや勉強ができるものではなく、その状況に合わせて正しい行動を選択できるものが成功し繁栄しているのではないでしょうか？

あなたは現在の経済環境に合わせて柔軟に変化し、正しい行動を取っていると自信をもって言いきれますか？

お金を稼ぐということの素晴らしさについて（感謝されてお金をもらうこと）

最近の若者はテレビを見ないと言われていますが、そうは言ってもマスメディアであるテレビの宣伝効果は絶大です。そしてよく言われることですが、他国と比べて日本人はテレビに対して妄信的であると言われます。

ここで考えてみてください。あなたが番組プロデューサーだとすると、あなたの評価は視聴率を上げることではかられます。あなたなら真実を伝えますか？　それとも視聴率を取りに行きますか？

当然、大多数の番組プロデューサーは視聴率が大切です。大衆が「そうであると思っているもの」や「そうであって欲しいと望んでいるもの」を放送します。「見たくないもの」や「テレビ局に対して力を持つ、政府や企業にとって不都合な真実」に関しては基本的に放映されません。

よって、現在日本のテレビでよく放映される番組としては「モノづくりの素晴らしさ」「職人技術の高さ」「町の飲食店や中小企業のあったかエピソード」などがあります。

そして、その内容で語られるのは「技術力の高さ」「プロとしての誇り」「地域とのコミュニケーションの素晴らしさ」などです。

もちろん、これらもとても素晴らしいことではあるのですが、滅多に「○○の技術ができたので企業の利益率が○%向上し、○○万円儲かって、従業員の給料が○○万円増えて皆がお金持ちになってポルシェを買いました！」という番組なんてほとんどありません。

○○の職人がとっても素晴らしい技術を持っているとします。品質は素晴らしいのですが、職人の手仕事では大量生産ができないため値段が高く、更に数も作れず欠品していることとも多いとします。

そこで製品の仕組みを見直して、以前よりも5%品質は劣るものの、以前の10倍の生産ができる商品の簡素化を行い、値段を半額にしても大きな利益が見込める製品を作ったとしたらどうなるでしょうか？　きっと大きな利益が上げられるはずです。

品質を落として巨利を得た元職人が毎日のように高級料亭で美味しいものを食べて、フェラーリとポルシェを乗り回して奥さんにはレクサスを買ってあげたと聞くと、なんだか嫌な物を見た気になるかもしれません。

それは本当に「嫌なもの」や「悪いこと」なのでしょうか？

当然その元職人(現経営者)は無理やり商品を売っているわけではありません。市場に対して品質を少し下げたとしても安い商品を提供しただけです。

消費者に無理やり商品を買わせたわけでもなく、多くの方がその商品に対して妥当だと判断して大量に商売が成立したため、結果として巨利を得たのです。購入した大多数の方も品質が5%ダウンしたものの、以前の値段に比べて半額になった製品を手に入れられて満足です。

さて、この元職人（現経営者）は誰かを不幸にしましたか？

彼は、自分や家族が金持ちになっただけではなく、多くの顧客に安価な商品を提供し、生産力増大のため地元に雇用を生み出したのです。更に生産設備拡充のため銀行から資金調達を行うことで銀行に利益をもたらし、納税により国や地方にも貢献しました。

そして贅沢な食べ物や高級車を購入することで、それらの生産者にも利益をもたらしています。いったい誰が不幸になっていますか？

つまり、資本主義社会においては、「まっとうな方法でお金を稼ぐことは正義」で、「より多くのお金を稼ぐ＝より多くの幸福」を市場に提供しているわけです。

考えてみてください。不動産でも築古の極小ワンルームに20万円という家賃設定をして、自分が大きな利益を得たいと望んでも借りてくれる人はいますか？

資本主義社会において、購入者（大家業の場合は入居者）が購買の意思決定権を持っているわけですから自信をもって利益を稼いでも良いのです。

あなたが利益を稼ぐことは、市場に優良で適正価格の物件が多くもたらされます。言い換えるとあなたが稼げば稼ぐほど、多くの方に衣食住の「住」を供給していることになります。

もちろん一所懸命に労働することも大切ですが、それ以外の方法でもお金を稼げば稼ぐほど社会に対して貢献していると言えるわけです。

さぁ、皆さん自信をもってお金持ちになりましょう！

家族との価値観について（お金＝悪、時間＝消費するもの）

私は会社員として、10年以上も転職のコンサルタントの仕事をしてきました。また、不動産投資家の方との個別コンサルも250回以上実行してきました。

私見を述べさせていただくと失礼ながら金銭面に関しては、ほとんどの方がまじめに自分の人生と向き合っている風には見えませんでした。

日々の買い物にはネットの割引券などを使ってお得になるよう努力するのに、何千万円もする家や投資には無料相談に行き、お勧めの商品を勉強もせずに買う方がいかに多いことか……。どうして無料なのか、ちょっと考えれば分かると思うのですが、本当に多くの方がこのパターンで失敗していきます。

また、それらの方は「不動産投資で年間〇〇万円のキャッシュフローを得たい」と望まれるケースが多いにもかかわらず、そのために何をしたらいいのか、どんな知識がいるのか、それを達成したらどうなるのかを少しでも調べている方はほとんどいません。

これは、学校教育が大きな原因であると考えますが、日本の教育や社会道徳においては、まだまだ「お金を稼ぐこと＝卑しいこと」のイメージがあるからでしょう。

「投資＝危険なこと」「投資で儲ける＝怪しい」など、ラクに稼いでズルイというイメージも根強いと思います。しかし、これらは本当に正しいのでしょうか？

前節を読んでいただいた皆さんなら、これが間違ったイメージだとご理解いただけるはずです。むしろ投資を学んで理解している人なら、「投資＝経済の燃料」「投資家＝リスクを取って利益を得るもの」という、プラスのイメージをお持ちいただけるはずです。

加えて人生における時間も、投資やお金を理解しているか否かで大きく変わります。具体的には次のように考えられると思います。

医療の進歩で、人生の時間が長くなれば

・投資を理解していない方にとって……生きるためのコストが必要になる

・投資を理解している方にとって……投資からのリターンが生まれる

つまり、時間におけるお金の意味が全く逆になるわけです。では、成功する不動産投資家を志す皆さん、試しに以下の問いに即答できるか少し考えてみてください。

【著者からの質問①】

あなたが目標とする年間○○万円の年収&キャッシュフローとは、税引き後のことですか？　その目標において今の生活の中で経費を使って処理できるものは考えていますか？　非課税の枠で自分の年収に加えられる金額や項目があることを理解していますか？

注意点として、会社員の年収○○と、事業所得○○万円は意味が全く違います。

【著者からの質問②】

質問①を達成できたとして、あなたは仕事を続けますか？　今の仕事を辞めるとして他に仕事はしませんか？　もし辞めないのなら、①の金額は下げられませんか？

高い目標を持つのはいいですが、最低限の達成すべき目標と「できれば達成したい」の目標とでは意味が異なります。

【著者からの質問③】

質問①と②で設定した正しい目標を達成したとして、あなたの人生はどの程度変わりますか？　変わることで得られるメリットに対して何年間頑張れますか？

お金持ちになることが目標の人、お金持ちになる過程を楽しむ人、お金はそこそこでいいので時間を作りたい人、単に今の仕事を辞めたい人……。人によって目標設定は異なります。

【著者からの質問④】

質問③で明らかになった本当の目標はあなたのパートナーの目標と合っていますか？　ここがズレてしまっていると、パートナーとの溝がどんどん広がりますので、スタート前に目標について話し合いましょう(ここは幸せになるために極めて重要です)。

【著者からの質問⑤】

質問③で決めた年数で、①②④の目標を達成させるため、あなたが掛けられるものは次のうち何ですか？

- **勉強に使える時間は何時間ですか？**
- **一日何時間行動できますか？　一週間のうち何日行動できますか？**

・頭金として使える金額はいくらですか？

・今持っている社会的地位、目標金額、掛けられる時間などから正しい戦略目標を設定できますか？

いかがでしょうか？　①〜⑤の質問に対して明確な答えはお持ちでしたか？　これに自信をもって答えられる方は、そのまま知識を深めて行動を継続してください。

まだ明確でない方は、いったん立ち止まってください。今のまま進んでも利益はどんどん増えていくかも知れませんが、場合によっては幸せから遠ざかる恐れがあります。

これら①〜⑤をしっかり考えて正しい目標認識を持ち、得られるメリット、掛ける時間とお

金、そして取れるリスクなどを考えて大きな投資や人生の目標設定を定めます。それに向かって努力することが効率的に各々にあった成功に達するコツです。

前述までのことを実行せずに、不動産屋や投資セミナーに行って、主催者がお勧めする商品を買うのが本当にあなたにとっての正解でしょうか？

私はそうは思いません。その判断は「相談相手をお金持ちにする」には正解でしょう。ぜひ皆さんにはまずはじめに、自分に合った戦略を理解する。そして家族の幸せを見据えた正しいリスクの取り方と目標を定め、その上でその戦略に沿った戦術として物件を選定して、数字に基づいて冷静な判断で物件を仕入れていただければと思います。

第2章

不動産投資ブームに踊らされて

エリートだから引っかかる、データに基づいた投資で失敗（極小、駅近）

不動産について数年前から勉強されている方はお気づきでしょうが、一時期は不動産投資の本が売れ筋で、書店棚の一角を占めていたこともあります。しかしながら、最近は多くの書店で経済関連の本の中に少しの場所を占めるにとどまっています。

このような変化はなぜ起きたのでしょうか？

それは、カボチャの馬車におけるスルガ銀行のパワハラや不正融資をはじめ、フラット35を利用した不正融資や多法人スキームなどの事件が起こったからです。

結果、まともな投資をしている不動産投資家も含めてマイナスイメージにつながり、現在のような「不動産投資＝怪しい、危ない」……そんな悪印象を持たれる原因となっています。

それでは、前述の不正融資や知識不足による失敗、詐欺に騙されて被害に遭うのはどのような人たちなのでしょう。すぐに騙されてしまう単純で不勉強な、実社会であまり成功していない人たちでしょうか？

そういう方も一部にはいるでしょうが、私の知る限り多くの方はそうではない印象があります。物件は現金で購入することが少なく、通常であれば銀行から融資を受けて買います。

つまり、前述の被害者（場合によっては加害者）の多くの方は、銀行が融資をしてくれるくらい社会的に成功した人たちなのです。

そんなエリートの方々が失敗してしまった理由は、不動産業に携わる方と一般のB to B、ビジネスの業界とのビジネス力の差にあったのではないかと考えています。

実際、収益物件を販売や売買仲介をする不動産業者には様々なタイプがあります。

【収益物件を販売・仲介する業者】

① その町に古くからあり、おじいさん・おじさんがＦＡＸを使って物件を送ってくる業者

② 小規模の店舗グループを持つ賃貸管理メインの不動産屋さんの中で売買もやる業者

③ 不動産屋から独立した１～数名程度の売買メインの仲介会社

④ 六本木や渋谷、銀座などにとても素敵なオフィスがあり、スーツをきちっと着こなしたビジネスマンと綺麗な受付ＯＬが対応してくれる業者

この中で①や②が恣意的に前述のような、問題がある物件を売りつけてくることは少ないでしょう。

③はそういうこともあり、④には問題のある業者さんが多い印象があります（もちろんそうではないことも多々あります）。

その反面、業者さんのサービス（お客様扱いしてくれるかどうか）や、説明資料やデータの準備具合ですと、圧倒的に④が素晴らしいことが多く、次いで③が良く、②にはムラがあるがあまり整っていない場合が多く、①は全く期待できません。

これらのことからビジネスマナーがしっかりした社会的成功者の方からすると、①は論外で、②と③も完ぺきな対応とは思えなかったのではないかと類推できます。

その反面、ありがたいことに③の一部や④はしっかりしたデータに基づき、きちんとした資料があり、30年後の返済まで問題がない資料まで作成した上で提供してくれていたのです。

本当にありがたいですね。

ですが……そのデータや資料は不思議なことに次のような夢のまた夢のような資料なのです。

- **家賃下落が10年後以降も起こらず**
- **修繕費が築10年も築30年も同じで、大規模修繕をしなくても30年運営できる**

・もちろん金利が上がるなんて考えていない

　しかしながら、実社会で日々忙しい業務に追われているエリートビジネスマンにとって、キレイな資料で作られたこれらの資料は、①や②の会社が作るワード1枚きりの資料（たまに手書きだったりします！）よりも信頼できると映ってしまいます。

　そもそも①や②の会社にはそういったデータが一切なかったりするので、資料は自分で作成する必要があります。

　また社会で成功している高年収のエリートビジネスマンの多くが、普段のビジネスでもレベルの高い資料に目を通しています。それゆえ、③や④の会社が持ってくるレベルの高そうな資料で、多くのエリートビジネスマンはダメ物件を購入する結果に陥ってしまいます。

　プロ大家の目からすれば、彼らは1秒でNG物件の中から一番ましな物件を選んでいると見破れますが……。

コラム

あなたが不動産営業マンなら……

もしもあなたが不動産販売会社の営業マンで、売主さんから案件を預かったとします。

売主さんに何らかの理由があり、相場より安く物件を売ってもいい場合はどのように動きますか？

自分が直接お客さんを知っている場合は、売主さんと専属契約を結んで確実に両手で買ってくれる買主さんを探すと思いますが、意外とあるのは客付けに強い会社が案件価格をよく分かっていない売主及び、売り側の仲介会社から良い案件情報を得ている場合です。

このとき業者さんの動き方はどうなるか考えてみましょう。

その案件に行って写真を撮り、近隣相場を調べて積算価格を出し、資料を作ってメーリングリストに流しますか？　もちろんＮＯですよね？

そんなことをしていたら他社はおろか、自社のライバル仲介営業マンのお客さんに買われてしまいます。相場より安い案件の動きは本当に早いのです！　彼らは自分のおとくい様に絞ってこっそりメールをおくります。

では逆に時間をかけて近隣の相場をきちんと調べあげて写真撮影も行い、グラフ入りのデータで20年間の収益シミュレーションなども完璧にそろった資料の案件は、検討に値する案件でしょうか？

その物件が本当にお買い得であれば、そんなことをしている間に他で契約が決まってしまいますよね。つまり、資料がきちんと揃っている物件が相場よりも安い可能性は著しく低いとみなします。

地縁があるからこそ失敗する？　出口なき迷走

大家さんには新築VS築古、区分VS一棟、住居VS店舗など、いくつか分け方がありますが、本項では地縁についてお話しします。

一般的に物件を買う理由や、買わない理由になるのが、次のようなあまり賃貸ビジネスの判断には関係がない私事です。

「○○市に地縁があって、この物件ならと購入しました」
「○○市には行ったこともなくて不安だから見送りました」

私はバイアス（思い込み）を排除するため、地縁は敢えて気にしないようにしています。

これは「知っているから」「知らないから」というバイアスが入ることで、冷静に考えれば取るべきではない選択を取ってしまうからです。

ただし、「○○市は人口が減っているが、同市の○○町は交通の要所で役所などもある人気エリアなので、○○町の物件なら前向きに検討する」と具体的な理由があれば、判断基準の一つに入れるのはとてもいいと思います。

しかし、人によっては「大学時代の友人が〇〇市に住んでいて、よく遊びに行ったからどこに何があるのか分かっている」というような基準で判断をしてしまいます。

さて、地縁について「知っている」「知らない」は大きな問題ではないと理解した上で（知らなければ調べればいいですから）、「生まれ育った場所や両親がいる」といった濃い地縁（縁故）のある場合ではどうでしょうか？

この縁故がある場合は、特に気を付けてください。

それというのも融資が非常に出ていた時代なら、都内のサラリーマン大家さんが融資が付けばどんどん買ってくれましたが、今は融資状況が全く違っています。融資が厳しい昨今だからこそ、地縁のあるあなただけが使える信用金庫や信用組合、地銀などで物件を買えてしまう可能性があります。

その金融機関がとても融資に積極的で、貸出金額や貸出期間が長い場合（とても喜ばしいのですが……）は、他の金融機関から見て債務超過に陥ってしまう可能性があるためです。

これは地縁があるがゆえに、他の人には買えない物件が購入できてしまうリスクを考えなければいけません。

具体的にいうと債務超過のため、その銀行以外で物件が買い難くなる可能性や、本来ならば買うべき価格よりも高く購入してしまう可能性があるのです。そのため、売却するときに想定よりも高く売れず、売却損を引き起こしてしまう可能性を考慮しないと売るに売れなくなるリスクがあります。

前述のリスクは、地縁を気にせず都市銀行の基準で買っている場合、全国にある都市銀行を使って購入する大家、都市銀行よりも基準が緩い地方銀行を使って購入する大家が購入候補になるため、出口を考えてもリスクが低いという考え方もできるわけです。

CF革命？　融資期間を延ばしてもらい感謝？　騙されてないですか？

これは本当に多くの方が引っかかっている失敗例なので、不動産をきちんと勉強している方には耳にタコのお話ですが、「CF（キャッシュフロー）に騙されないでください！」ということです。

セミナーの後の質問や少人数セミナーで私が何度お伝えしても、業者さんに騙されてしまう方が後を絶ちません……。

もちろんＣＦが多いのは悪いことではありません。しかし、往々にしてサラリーマン投資家はＣＦ至上主義の方が多く、「とにかくＣＦ１０００万円が目標です！」と、一様に同じような目標を立ててスタートしてしまいがちです。

そうなると１棟、２棟を購入したところで次の融資が引けなくなり、目標とするＣＦの達成がとても困難になっています。

通常に融資を引いてＣＦが多い分には良いのですが、意外と多くの投資家の方が通常の法定耐用年数で融資を引くとＣＦが回らない物件を、法定耐用年数を大きく超過する融資を引いて購入してＣＦを無理やり捻出しています。

一部例外はありますが、このような融資をする金融機関は金利が高いケースが多く、無理に融資年数を伸ばしてＣＦを出しているため、計算するまでもなく購入から運用、売却までを考えた最終的な手残り利益は低くなってしまいます。

一度、冷静になって次のＡＢ間を比べてください。

【融資期間・金利と売却の相関】

A 通常の融資期間で低い金利で借り入れ、10年後に売却

B 法定耐用年数以上の長い期間で高い金利で借り入れ、10年後に売却

※10年というのは仮の売却年数で、考え方としては何年でも構いません。

AB間を比べると、**そもそも利益は通常融資のAのほうが多くなりますが、売却時にもAの物件のほうが残存耐用年数も多く残っているため高く売れる**わけです。

もちろん法定耐用年数を超えなくても、そもそも十分なCFが得られる物件を、金融機関との関係や特別な仕組みを使って少し長い期間で融資を引くことで、より多くのCFを得るのは全く問題がありません。

また熟練の投資家の中には、耐用年数切れの物件の中から土地の価値が高い物件や、建築時の容積率よりも現在の容積率が高くなっている物件を探す方もいます。

通常の法定耐用年数のCFでは満足できない物件の中から巨額の利益を得ることもあるので、そういった投資はもちろん問題ありません。

コラム

買いたい病にかからないように!

私の運営する軍師大家の会では、物件を買う前に相談できる仕組みがあります。

もちろん会員様には前述のような説明は何度もしているのですが、年に数回は「○○のエリアは大学時代住んでいたことがあり、多少難はありますがぜひ融資を引きたい」などのご相談を受けます。

私は少ししか儲からないような物件には、「絶対にダメですよ！」とお話をします。しかし、現地を見に行って買う気になっており、後は背中を押してほしかっただけの生徒さんにすれば不満です(笑)。

これがいわゆる【買いたい病】です。この病気にかかってしまった方に、処方箋としてDr孫子の処女作『サラリーマンが副業で最短で年収を超える』(ぱる出版)をお読みいただき、私の一棟目の大失敗を涙目になりながらお話しします(笑)。

そして、勉強すれば同じような規模でも場合によって何十％も利回りの大きな案件があることをご説明して、そのような物件の購入の仕方をアドバイスして、あきらめていただいております。皆さんも【買いたい病】にはお気を付けくださいね。

この【買いたい病】にかかった方が持ってこられる物件はどんなものが多いでしょうか？

それは普通に耐用年数内で融資を引いては銀行融資が受けられないため、法定耐用年数を大きく超えて融資期間を組んでいる物件が多いです。

大抵このような案件は出口で安くしか売れず儲かりません。私も引き止めることが多いのですが、もちろん例外もあります。私自身もいくつかの理由が重なると、法定耐用年数を超えての融資も積極的に活用しています。

会員さんの例では２０１９年、軍師大家の会で持ち込み相談会を行いました。そのとき耐用年数を大きくオーバーする名古屋の築古物件を持ち込んでくださった方がいたのです。それは非常に立地の良い案件で、法定耐応年数内ではCFはでない物件でしたが、購入を薦めました。

その方は物件購入後の再生売却を成功させて、わずか１年で５０００万円の利益を出したこともあります。ベテランの方ならそういったやり方を考えの一つに入れておくのも良いでしょう。

支払いをしたのに建たない、建築リスクの恐怖

不動産投資家の最終ゴールと言われるものの一つに、都心部の好立地で新築RC投資があります。この投資法がお勧めされる理由は大きく6つです。

【都心部新築RCのメリット】

・RC造の法定耐用年数は47年であるため、17年後でも次に購入する方が無理なく30年の融資を引いて物件を購入することができるため高く売れる
・17年も保持していれば景気の良いときがあれば悪いときもあるため、価格が高いタイミングを選んで売却することができる
・都内好立地RCは賃料の下がり方が緩やかであり、入居率も高い
・築年数が浅いため修繕経費が掛かりにくく、掛かったとしても㎡単価の賃料が高く経費率としては低くなる
・売却時、買主が資産家の方で資産圧縮が目的であるケースが多く、投資家に売るよりも高く売却することが可能である

・融資金利が低いことが多く、表面利回りに対して手残りCFが多い

う〜ん。確かに素晴らしいですね(笑)。私も都内で新築RCを持っていますが、完成時の嬉しさは格別です。

注意としては例外はありますが、一般的に不動産仲介会社が提案してくる物件は、業者の利益が乗っているため、転売利益の見込みが難しく、新築都心部RCの旨味はない場合が多いです。

新築都心部RCで成功するには、土地から自分で設計士さんとプランニングする力が必須と言えます。ちなみに都心部新築木造の場合は、次のメリットがあります。

【都心部新築木造のメリット】

・築5年〜7年目くらいまでは賃料の下がり方が緩やかであり、入居率も高い

・築年数が浅いため修繕経費が掛かりにくく、掛かったとしても㎡単価の賃料が高く経費率としては低くなる

・RCよりも利回りが高く、CFが多く残る

・自分でプランニングすれば都心部でも利回り9％以上を見込める
・劣化対策等級を取得して融資を30年引くことも可能（前節で説明したように融資期間を伸ばしているリスクを考えて判断すること）
・耐用年数は低いケースが多く、表面利回りに対して手残りが、新築ＲＣ物件と比較して多いメリットがある

売却の際には、法定耐用年数よりも長く融資を引いて買うサラリーマン投資家が対象となるため、その方の融資金利も少し高くなります。それゆえ売却時の利回りも低くなるのがネガティブですが、それを見越して購入すれば問題はありません。

うん。これもなかなか良い投資ですね。私も都心部で11％を超える新築木造を何棟か建築していますし、色々工夫して13％強の物も作っています。メリットとしては金利が低く、イールドギャップも10％以上を確保できます。持ってよし、売ってよしでかなり利益率の高い投資となっております。

一概に新築ＲＣと新築木造のどちらが良いのかは、立地にもよりますから言い難いのですが、売却時の金額としては都内の超一等地ならＲＣは４％台でも取引されるため、利益率や

利益額でいうと、新築ＲＣのほうが良い傾向にあると思います。

ただし、新築ＲＣのほうが収益還元の銀行評価が低いケースが多いため、あまり新築ＲＣを建て過ぎると融資が難しくなる場合が多いです。恒常的に融資を引いていきたいのであれば、法人全体を見て「中古物件」「新築木造」「新築ＲＣ」のバランスをとるのが重要になります。

さて、新築木造や新築ＲＣについて説明をしましたが、きちんとルールを理解して投資をすればとても良い投資です。しかしながら、非常に大きなリスクもありますので、その点について少し触れておきましょう。

私のような不動産投資家は、中古でも新築でもお客様に貸せる部屋を作って、それを借りていただいてお金をもらうわけです。しかし、新築で一番怖いのは建たないことです。

私の友人にも、建築中に建築会社が倒産して工事が止まっている方がいます。これが木造であれば建築期間は短いのですが、ＲＣの場合は建築期間が長くなるため、よりこの倒産リスクが大きくなります。

またＲＣの場合は、地中に大きな杭を打ってそれと建物を連結させながら工事をしていくのですが、補償の問題があるので、途中で工事会社がつぶれてしまった場合は、建物の保証の関係から続きの工事を引き受けてくれる会社を探すのも非常に難しくなることも頭に入れておいてください。

【建たないリスクに対して、備える方法】

・帝国データバンクなどで建築会社の信用情報を確認

・中小の会社に頼むときは、仮に会社が途中で倒産したときの保証を、会社だけではなく経営者様個人にも同意いただく（法人は簡単に倒産できるため）

・支払いを分割にするだけではなく、分割数を増やせないか？　また、同じ回数で分割するにしても割合についてもこだわって交渉する

例　30％・30％・40％ではなく、20％・20％・60％など

・契約内容に必ず遅延についての保証を入れる

これは投資効率がいいように、多くの投資家が12月～2月くらいの完成を目指すため、かなりの確率で内装工事が集中して完成が遅れるため。

・その会社が直近で建てているアパートの大家さんを紹介してもらい、満足度などをヒアリ

ングさせてもらう（顧客満足度や下請けからの資金払いのクレームなどの情報が手に入るかもしれません）

多法人スキーム……1年で複数社を設立した男

「多法人スキームという投資方法で、急いで物件を購入して早期に会社員をリタイヤしてやる!!」

このような不動産投資家さんからの相談は最近ようやく減ってきましたが、2015年〜2018年ごろ非常に多くいました。

本書をお読みの方なら知っている方も多いでしょうが、不動産投資における多法人スキームは黒に近い、いやほとんど黒な方法です。

もちろん一人の人間で複数の会社の設立自体は悪いことでも何でもありませんが、不動産投資家が当時に行っていた多法人スキームは、A法人で物件を購入しているのを隠して、B法人で別の物件を購入する方法です。

投資家の個人与信力があるからこそ、A法人に対して銀行が融資をしているのですが、A法人が投資家個人の与信力ぎりぎりまで物件を買っても、A法人で使っている銀行にしか分からないことに着目しています。

つまり、A法人で限界まで購入後はその法人で購入をやめて、B法人で限界まで購入、その後はCでDでと、多数の法人で個人の信用力を何度も使って購入していったわけです。

これによって高年収のサラリーマンが、債務を隠しながら1人で法人を設立して物件購入を進めていったのです。

ところが悪いことは続きません。銀行もこれに気付き、SMBCや千葉銀行、りそな銀行などは自社の調査によって、こういった投資をしている投資家をあぶりだし始めました。

投資家も、登記簿図書館や帝国データバンク、商工リサーチなどへ連絡し、自社のデータを抹消し始めますが、すべてを隠すのは難しいらしく銀行に見つかってしまった方もいます。

さて、この多法人スキームが見つかってしまうとどうなるのでしょうか？

その場合は、基本的に期限の利益の喪失となってしまいます。期限の利益とは……支払い義務に対して「事前に決めた期日までに払えばよい」という条件が期限の利益なのですが、その前提条件を破ってしまうことで、この「期日までに……」の権利を失い、すぐに返さなければいけない状態になってしまいます。

先ほどの例で、Mr.X氏がA法人、B法人、C法人で融資を引いている場合で、C法人に融資をしている銀行がこれに気付いてしまったら、C法人に融資をしている銀行に対して借主が持っていた、「○○年まで毎月○○万円ずつ返済をしていけばよい」という権利を失い、すぐに全額返済を求められてしまいます。

金融機関としてはMr.X氏を信じて投資資金を融資してきたのに、それを裏切られて信用ができないので、「すぐに全額返済しなさい」となるのです。

ここで、多法人スキームを用いて物件購入している方のもう一つの問題点は、急いでキャッシュフローが出るのを主目的として物件を購入しているので、きちんと物件選定をせず購入する傾向にあります。

そのため物件を売却する段になって、購入額よりも物件売却価格が下がってしまう場合が多く、物件を売却しても金融機関へ返済が間に合わないことが多いのです。

もちろん物件を購入して売却すると、諸経費や税金で15~20%程度のコストがかかってしまうのも、この多法人スキームの大きなリスクです。

この多法人スキームがバレてしまった（剥がされてしまったと表現されます）方が私の大家会にもいました。

入会前にこのスキームをスタートしてしまい、バレてしまう直前にご相談をいただいたのです。幸いにも購入された物件が悪いものではなかったのと、金融機関へ対して、自身が不動産会社に言いくるめられリスクやその意味を理解しきらず、この手法をとってしまったミスを謝罪しました。

このように自ら状況を報告し、今すぐに物件売却して返済すると満額は返せないが、数年程度の時間をかければ返済をきちんと行っていけることを示して、金融機関の理解をもらえました。

数年間は現行のとても低い金利を維持、数年後に金利を上げる方向で話をまとめました。

これであれば数年間に残債がある程度は減ります。数年後、あまりに高い金利を要求されるのであれば他行への切り替えも可能です。ご本人のリスクはかなり低減され、またその金融機関にとっても損切りすることなく、融資金額を回収できる良い解決策であったと思います。

もちろん、このように上手くまとまらないケースもあるでしょうから、本著をお読みの皆さんは無茶な方法で融資を引くようなやり方は絶対しないでくださいね。

また、既に多法人スキームを進めてしまっている方は、弁護士や先輩投資家にアドバイスを受けつつ、慎重に判断しながらスキームから抜けていくように目指していただきたいです。

コラム

都心型RC　好立地狭小　6%強で仕上げて、地方の相続税対策を出口とする方法について

現在持っている金融資産が多く、年収も高くて都市銀行を使える投資家の方が、都市部に狭小のＲＣ１部屋10～15㎡を作って家賃を稼ぎ、出口を「地方の相続税対策をするお金持ちに対して４～５％で売却する」という投資手法があります。

この投資法自体はロジカルに考えると利益を出せる可能性は大きいですが、私はあまりポジティブに考えていません。

都心部では部屋を小さく作れば作るほど、１㎡当たりの利益率が高くなります。また、都心部の築浅ＲＣは積算だけではなく、収益還元法で考えるので、「家賃が高い＝物件価格が高い」となり、数字上は小さく作れば作るほど物件価格が高くなり、売却時に多くの利益が見込めます。

そのためには４階、場合によっては５階でもエレベータなしで住居を作ったりもしますが、新築時はいいとして少し年数が経った場合に入居率や賃料は下がるのではないかと考えられます。

他にも理由はいくつかあります。

【都心型狭小ＲＣのリスク】

①やはり都心とはいえ15㎡を割ると、過去の経験上退去率が上がる。
②地方の相続税対策を気にする方は、安定運営を望むので都心は良いのですが狭小すぎると嫌う傾向がある。
③コロナの影響もあり４％台での売却はなかなか難しく、実際は５％を超える可能性もある。
④利回りが７％を超えれば、金利１％で仕込んでもイールドが６％は見込めるのでいいのですが、それ以下のイールドでは保持している利益が十分には出ない。
⑤建築リスクを考えると、メリットとデメリットを考えた場合ほかに儲かる手段がたくさんある。
⑥新築ＲＣは融資年数が47年もあり、実質上建築後17年間は次の買い手が30年以上の融資を付けられる可能性があり、高く売れるであろうことがメリットなのですが、上記の①②④の理由から保持しているときにはそこまで大きな利益が出ず、更に③の理由から数年間は売りに適した時期では

ないと考えられる。

⑦そして最大の理由は、この投資手法が一般的になりすぎてきたので、同様の物件供給量が今後増えることによる過当競争が起こるため、実際に売却のタイミングでは需給のバランスが崩れるため、上記よりも厳しくなる可能性がある。

これらの理由から、短期での売却だけをねらった、RCの新築はハイリスクだと考えられます。やはり都心部でもある程度広さを持ったＲＣで売っても買っても儲かる７％以上の水準で、金利は１％以下で進めるのが、リスクとリターンを考えて正道だと思います。

しかし、それ以下の条件ではよほど立地が良くないと、現状はリスクとリターンで考えれば絶対的な投資法ではなく、あくまでも有効な投資法の一つというレベルで考えたほうがいいのではないでしょうか？

第3章

客観的視点で現実を認める

逆転成功できる人と、失敗し続ける人の特徴
～間違いを認められる～

私もそうでしたが、他の投資同様、不動産投資も正しいメンターを持たずにスタートすると、間違った物件を買ってしまうこともあります。

そのまま不動産投資を失敗としてあきらめる人もいますが、そこから逆転して成功できる人もいます。同じ失敗から始まってもこの違いはなぜ生まれるのでしょうか？

私が1棟目に購入した物件は、販売業者に騙された本当に良くない物件でした。それを買ってしまったためにしなくてもよい苦労をし、多大な時間とお金をかけてしまいました。詳しくは前著『サラリーマンが副業で最短で年収を超える不動産投資法』（ぱる出版）を参照ください。

しかも買ってから早々に「失敗したな」とは思ったものの、その失敗を認めないまま、失血をできるだけ止めるような努力しかせず時間を浪費していました。このように人間は、なかなか自分の失敗を認めたくないものです。

間違っていると認められない以上は、間違ったままの方向性でそれを改善しようと頑張る

のです。しかし、そもそもが間違っているので多少はよくなっても根本的な解決になりません。

頑固な私の場合は失敗したと認めるまで2年もかけてしまいました……。すごく無駄な時間であったと後悔しています。

ですから現状でうまくいっていない方は、まず過去の自分の失敗を認めるのがファーストステップとなります。

うまくいっていない方、初めの一歩がスタートできていない方は、まず今のままではよくない事実を認められましたでしょうか？

それができれば、次は具体的になぜ上手にいっていないのかを見極めることです。不動産は良いものを買えれば儲からないほうが珍しいので、ちょっと儲かっているくらいで満足しないでください。

自分では上手くいっている自信があっても、もっと儲けている人が周りにいたら、「現状はまだ上手くいっていないな」と考えたほうが伸び代はあります。

【うまくいかない理由】

・初めの頭金がない
・買い付けを入れても融資が付かない(付いても他の人に先に買われる)
・経験がないから物件の判断ができない
・リフォームしても入居が決まらない
・空室は埋められるが、リフォーム代が収益を圧迫して利益が残らない
・金利が重くて、収益があまり残らない
・一棟目は買えたが、次の物件が購入できない

多くの方が行き詰まるのは、大体がこのような理由でしょう。これらの問題を解決して先に進んでいくのは、自分で経験したり、勉強して試行錯誤するのもいいのですが、私の経験から言うと、それはとても非効率だと思います。

まずはプロを見つけること。これが一番早い解決策です。

私は有料の大家会を運営しているので、ポジショントークに聞こえるでしょうが、私の大家会には先輩大家としていろんな分野で成功しているプロがいます。

軍師大家の会には大家さんだけでなく、不動産業者・弁護士・工務店・設計士などいろんな分野のプロも会員さんとして所属しています。

利害関係がなく更に共通の知り合いが多いため、お互いを騙したりできません。そんな環境でアドバイスを受けられるので、こういった大家会に所属してもらうのは成功への最高の近道になると考えています。

もちろんここで言うプロとは、大家会以外でも出会うことは可能です。

私自身、自分の大家会で知り合った方も多いですが、それ以外でもお世話になっている弁護士先生は、居酒屋さんでたまたまお話しした方であったり、ジムでトレーニングアドバイスしてプロテインを差し上げて知り合った(笑)不動

産屋さんもいるので出会いはどこにでもあります。

ただ、これはもともと私がコミュニケーションがかなり得意なタイプで、かつ不動産分野において知識や人脈が豊富で、相手に対しても自分が提供できるノウハウがあり、相手に面白いと思ってもらえるからです。

つまり相手にもメリットを与えられてこそ、その出会いを人脈につなげられるのです。初心者の段階ではそのノウハウを作るのは難しいでしょうが、大家会は先生やその他モチベーションが高い大家さんたちが多く、お互い教え合うことを是とする組織に属するメリットは非常に大きく効率的です。

加えて、そこで得られる紹介はかなり金額的なメリットが大きく、会に所属する会費はすぐ元が取れてしまいます。

例をあげればプロパンガス会社の紹介(戸当たり15万円以上とかなり高額のお金が受け取れます)。10戸のアパートを買えば150万円なので、諸経費はそれで払えてしまいます。

その他にも銀行・お安い司法書士・不動産に強い弁護士・ＤＩＹ勉強会・保険勉強会・保険の申請代行の会社紹介・物件紹介などがあります。

これらのノウハウは長時間かけてプロ大家、セミプロ大家が蓄積してきたものなので今からスタートする人や、まだこういった会に所属していない方は非常に大きな金銭的メリットとなるはずです。

不動産投資は難しいですが、その道で成功しているプロが１００％あなたのためを想って助言してくれるときには、その方の言うことをちゃんと聞いて実践するのが重要です。

難しいのは、その方が１００％こちらを心配して助言してくれているのか、相手の利益のために助言してくれているのかを見極めることです。

私の場合ですと、１棟目を買って売ってきた業者さんはかなりやり手のプロだったと思います。ただし彼は営業のプロであり、彼にとって

の利益は私がその物件を購入して成功するのではなく、無事に購入できることだったわけです。

そのやり手のプロに導かれた私は無事に購入できたのですが、前述したとおりそのあとの運営で大きな苦労をする羽目になりました。

プロはその道を究めるために、勉強したり時間を使ったり、お金を損したり、有料の講座を何度も受けて苦労しています。

その方々からアドバイスを得て成功したいなら、対価は必要になると考えたほうが無難でしょう。ただ状況や人により、その対価はお金だけでなく感謝や、人脈、場合によってはノウハウの提供をお互いにし合うことであったりします。

私個人的には自分の失敗体験からも、無料でもらえるアドバイスほど高いものはないと認識していますが、高いお金を取るからといって良いアドバイスであるとも限らないですし、一見安い費用に見えて、後でもっと大きなお金を取ろうと狙っている場合もあります。

あなたが誰のアドバイスを得たいのかはよくよく考えて、できればその方と直接話して、そのサービスを受けた方に聞いて慎重に選んでいただければと思います。

誰にアドバイスをもらうべきかで、共通して言えることは次の条件です。

【誰にアドバイスをもらうべきか】

① そのアドバイスをする人が、そのアドバイスの結果、利益も被害も受けない

その分野のプロ、もしくは成功している。不動産投資をしたことがない配偶者に聞くのは論外です。

② アドバイスを聞いたら、自己判断ではなくまずはやってみる

例えばリフォームなどでアドバイスを受けたとき、壁紙や照明のアドバイスは全体との調和を考えて行うので、一部分は取り入れつつ、他の部分は自己判断で取り入れないと部屋の調和を乱します……。

③ アドバイスを受けたらその後は必ずお礼を言うこと

これを欠かすと次に聞けなくなるし、そもそも人としてどうかと疑いたくなります。意外とそのような人は多いです。だからこそきちんとお礼を言われると、また何か教えてあげたくなるものです。

また、いつもアドバイスをもらう人、大先輩であってもすべての知識面であなたが劣っているとは言えません。何かその方に役に立つことがあれば、率先して情報をシェアしてください。

前述の①〜③は不動産に限らず、先人のアドバイスを得るポイントなので、実践できていないところは、ぜひ取り入れていただければと思います。

特に②の部分ができない人が多いので補足すると、自分が信頼する人にアドバイスを求めた場合は言われた通りにやるのが大きなポイントです。逆にそれができない人に聞いては相手にとっても失礼にあたります。

変に工夫をしたり、「〇〇の部分はいいや」と実践しなかったりすると、自分では大したことはないだろうと甘く見ていたポイントが、実はすごく重要で失敗する原因になりかねません。

ですから教えてもらう先生の言うことを、きちんと実行するのが大きなポイントです。もし「〇〇の部分はやらない」という話であれば、先生にそれを聞いて、「こういう理由だからやらないほうがいいと思いますが大丈夫ですか？」と確認すべきです。

その結果、先生が「それならいらない」と判断されたなら、それはやらなくていいでしょう。

成功し続けられる人と一度の成功で終わる人

不動産だけに限らないのですが、「運が良い人」はやはり成功します。これは冗談ではなく、運が良いことはとても重要だからです。では運が良いとはどういうことなのか考えてみましょう。

運が良い人には幸運なことが起こり続けるのでしょうか？

例外的にそういう方もいるかもしれませんが、ほとんどはそんなことはないと思います。私の考える「運が良い人」とは、いろいろな物事に対して、その問題を解決して、結果としてその人にとって運が良いことに変えられる人です。

人生には様々なアクシデントが起こりますが「運が良い人」はまず、ネアカです。そして、バイタリティとアイデア、それに周りの人に助けられる、３つの要素をもってアクシデントを自分にとっての良いことに変える力を持っています。

例えばこの度の新型コロナウイルス問題もそうですし、数年前の台風被害や、あるエリアでの工場の閉鎖や学校の移転なども、人によっては「運の良いこと」に変えていけます。

それができる方は、常にアクシデントが怖くありません。いつも元気で、多少落ち込んでもすぐにリカバリーできます。そんな人は結果として、周りに運がいいと見られます。

ですから、皆さんまずは自分を「運が良い！」と信じることがとても重要です。そして言葉には力がありますから、実際に「私は運が良い」と言ってみてください。

そうすれば、なぜ運が良いのかを考える必要が出てきますが、それはそのままあなたが今から実行すべき行動につながっていきます。

さぁ、本を少し閉じて「私は運が良い」と言ってその理由が何なのか考えてみてください。

さて、前ページで本を閉じた人はいますで

しょうか(笑)。

私の感覚では、実際に本を閉じて考えた人は10%以下ではないかなと思います。本当に閉じて考えた人は、たぶん成功しやすいタイプです。ぜひその行動スタイルを続けてください。閉じずに本を読んでしまっている人……大丈夫。たぶん私も閉じないタイプです(笑)。ほとんどの方がこのようにアドバイスや助言に対して、なかなか受け入れられないものです。それが普通です。

しかし、本書をお読みの皆さんは今の人生をより良くしたいのですよね。第1章でも説明したように、不動産投資を目指している方のゴールは最低でも普通の人の生活水準の3~5倍くらいを求めています。

それだけ求めるのですから、普通の行動ではなかなか目標は達成できません。意識して「まず受け入れる」、これを実践してみましょう!

その次に必要なのは「どうすればできるのか?」です。

そして、その言葉の力にこだわって欲しいと考えています。自分のことを「運が悪い」と思い込むと、絶対に運が悪くなります。

何かを話すときに「○○だからできない」とあきらめる人がとても多いですが、そこを「どうやったら○○ができるだろう?」とポジティブに考えられるかどうかで人生は大きく変わっていきます。

私の部下たちにも『でも』禁止令を敷いたことがあります。何かを言われたら『でも…』が口癖の部下がいたので、それを言ったら注意していましたが、全く治らないので、『でも』は一日一度までとルール化しました。

一日一度と定めることで、自分で本当に必要があるか考えて『でも』を言うようになったので、ポジティブに考える癖がつき、みるみる仕事の業績が改善していきました。

ですから皆さん。ぜひご自身にも『でも』などネガティブな口癖があれば、それをゲーム感覚でつぶしていきましょう。意識を変えていくのはとても重要ですし、即効性がありますからすぐ実行に移してください。

正しく目標を設定する(時代・エリア・属性の見極め)

不動産投資家の成功本を読んで「よし、やってみよう!」という方の大半は脳死しています。その投資家の状況とあなたの状況は同じですか？

年齢・出身地・居住地・年収・資産・勤めている会社・勤続年数・投資エリア・目標によって立てる戦略は全く違います。

残念ながら戦略も無く、とりあえずスタートしてしまう人があまりにも多いです。ワンルーム投資や築古戸建てからスタートしてしまった方のリカバリーを何度もお手伝いしてきました。

投資される前にお会いしていたら目標を5年早く達成できた人や、そもそもあまりにもマイナスな物件を買っているため、それを0に戻すだけで数年かかってしまう方に会うケースも多いです。

戦略を立て3～5年後、できれば10年後にどうなりたいのかを定め、それに対しては何に気を付ける必要があるのかをきちんと理解するのが重要です。その上で戦略を決めて、それに対して、どの投資手法で進むのかしっかりと考えましょう。

・その投資手法はあなたのエリアや、資産状況に合っているか？

・そのリスクは何で、リカバリーの方法はあるか？

などをしっかりと把握して目標を設定し、それに向かって努力していただけるよう強くお勧めします。

コラム

お医者さんに多い失敗例

不動産投資では多くのお医者さんが失敗しています。

お医者さんは年収が高く、一部非常に勉強している方もいますが、大多数の方が日々忙しいため、不動産投資を十分に勉強しているとは言い難いです。

もしあなたが物件販売営業でしたら、医師の方は絶対にターゲットにしたほうがいいでしょう(笑)。

実際に、医師専門の不動産投資の会社もあるくらいです。その会社が何を狙っているかはとても分かりやすいですよね。

私は仕事柄、医師やＭＲの方と多く接してきましたが、お医者さんが不動産投資で失敗するのはある意味仕方ない面があると感じています。

一番大きな理由は、第２章「エリートだから引っかかる、データに基づいた投資で失敗」でも説明したようにお客様意識が強く、お客様として物件を購入しているからです(わざわざ高い物件を選んで買ってしまっています)。

加えて医師という高属性、そしてもともと家系がお金持ちである場合が多いため、銀行の評価の低い＝(あまり価値のない)物件を買えてしまうことも大きなマイナス要因です。

更に付け加えると、医師は大変多忙な方が多く、また普段のお仕事では「先生！」と崇め奉られる存在であるため、管理会社などに対しても横柄な態度で接してしまうケースも多く、管理会社や客付けの営業マンから好まれていないこともあります。

私がコンサルした医師の方は、正直あまりよくないスペックの物件を数棟持っており、空室も多いスタートでしたが、管理会社に対する態度をアドバイスしただけで驚くほど劇的に改善し、数カ月で満室になりました。

これは、もともと医師になれる方なので頭がズバ抜けてよく、必要があると理解していただけると、素晴らしい理解力で管理会社との態度を改められたのが要因です。

加えて、図らずも今まで冷たい態度だったのが幸いして、管理会社からすると「えっ、あんなに冷たかった先生がなんで？　私のこと好きなの？」とギャップが大きく頑張っていただけたのでしょう(笑)。

更に物件を見て、「地震保険の請求ができるのでは？」とアドバイスをしたところ、管理会社も非常に協力的になっていただけ、結果として数百万円の保険金を取得し、改善した決算書をもって交渉することで、銀行の金利も安くなるなど劇的な改善が見られました。

もちろん、始める前に勉強して、きちんとした物件を買っていたら、もっと大きな成功に容易に近づけたはずです。

失敗から始まらないほうがいいのですが、医師などの高属性の方は、失敗から始まってもリカバリーしやすい特長があります。

このコラムを読んで、心当たりのあるお医者さんなど高属性の方は、ぜひ本当に成功している信頼できる大家さんにご相談いただきたいです。

その際、厳しいことを言ってくれる先輩大家さんの言葉は金言だと思って聞いてください。

普段は周りの人から否定的な意見を言われ慣れていないでしょうから、ムッとして腹が立つかもしれませんが、不動産で儲けて自分が利益を上げるためだと考えてぐっと堪えてくださいね！

第4章

ゴールを見据えた戦略の設定、それを実現させる方法

目標達成のために、必要になるものを正しく把握する

前章では、目標（戦略）の大切さについてお話ししましたが、それを達成していくための身近な目標設定はもちろん重要です。

不動産に限りませんが、何かを達成するために必要なことは無数にあります。それらを羅列する事はできますが、あまり意味がありません。

なぜなら、その重要度は人によって異なり、重要度は個別に設定しないと意味がないからです。

本当はある程度は分かっていますよね？　自分が成功するために何をしたらいいのか、どうしたら成功できるのかは……。

分かっていてもそのやるべき努力を1日2日ならまだしも、それを連続して実践していくのはとても困難です。例外的に努力をし続けられる人もいますが、基本的には頑張れる限界があります。

そこでまず、何をやるべきかよりも「何を捨てられるか？」を意識してみましょう。よく言われることですが人生は不平等にできています。

しかし、その人生の中で時間だけは平等です。金持ちも貧乏人も誰もが1日24時間しかないわけです。

ですから、あなたが人の何倍もお金を稼ぎ人生を豊かにしたいのであれば、24時間の中で何に時間を使っていくかが大切になります。

例えば、普通の会社員なら仕事で8時間を費やし、睡眠に8時間を使えば残りは8時間しかありません。この中で家族との時間や趣味、飲み会などをしていくと、あなたに残された自己投資は何時間でしょうか？

その時間だけで、あなたは他の人の何倍も成功することができるでしょうか？

よほどスタート時点から恵まれた状況の方以外は、前述の様に時間を使った**残りの時間で成功するのは難しいでしょう**。

私の場合を例にあげると、これは昔からやっているのですが「飲み会の2次会へは行かない！」と自戒していました。理由は飲み会の1次会で既にみんなベロンベロンになっているので、あまり実りのある話は聞けないからです。

とりわけ会社員同士でやる飲み会の2次会は、今までの人生で一度も参加したことがありません。

逆に大家さん仲間や、自分より知識がある人たちの飲み会なら、むしろ2次会からのほうが重要です。お酒が進んでくると、普段なら決して口に出せないネタまでポロッと言ったりするからです(笑)。

他に私が捨てているのは、例えば会社で「真面な人である」と周りから思われていることや、出世する要素を捨てています。会社にもはっきりと不動産投資をしていることは伝えていますし、平日でも堂々と予定表に有休で銀行に行くなどとアポを入れています。

以前会社に、一年に一度のミーティングより不動産を優先して社長に激怒され「会社と自分のビジネスどちらが大事なのか?」と聞かれたので、「当然自分のビジネスです」と答えたくらいです。

「ええっ、そんなこと言って大丈夫なの?」と思いますよね。大丈夫ではなかったです(笑)。人生でもトップ3に入るくらい怒られました。

しかし、営業実績をちゃんと出しているわけですから、これをもって首にはできないわけです。それどころか、この事件以降会社からの直接職責に関係ないこと以外は堂々と断れる立場になったので、とても大きな自分時間の生み出しにつながりました。

また、会社員の仕事でもかなり細々と無駄時間を見つけ出し減らしていきます。意識的にやっているのは、次のことです。

【無駄時間の減らし方】

・お客様にNOという

日常的なお客様と受注者ではなく、対等かむしろこちらが上の立場で仕事をしたほうが、最終的にお客様にプラスの提案が出来て顧客利益にもつながるため。

・電話をかけた際によほど目上の相手が出ない限り、かなり早いスピードで話す

特に、NTT・電力会社・保険会社・銀行など社員教育として丁寧な口調で話すことを教育されている人が相手だと非常に話すスピードが遅いため時間の無駄になるため(こちらがスピードを上げるとよほど空気が読めない方以外は、丁寧な口調よりもハイスピードで話してくれるようになります)。

・80点の仕事をする

１００点の仕事をしても80点の仕事をしても顧客はある程度満足してくれるが、80点の仕事を１００点にしている間に、80点の仕事を２つすることができるから。

・クレームを楽しむ

クレームを恐れて仕事をすると本音が言えないため、多大な無駄な努力が出てしまうから。またクレームは上手に対応できれば、むしろビジネスチャンスになることも多いため。

・部下や同僚に振る。自分がやるよりクオリティが下がっても意図的に仕事を振る

その時は修正や教える手間で時間がかかっても２度３度と依頼すれば、周りが成長して上手に仕事ができるようになります。

・部下や、ビジネスパートナーに対して、①結論から先に言う　②数字を使って具体的に話す　③箇条書きで電話やメールを送るように要求する（めんどくさくても繰り返して要求する）

これらのようにリスクを取ったり、自分で判断できる部分でクオリティを落としても大きくマイナスにならないものは、思い切って最高クオリティでやらないことを意識してみてください。

逆に急いでやらなくてもいいけれども、中長期的に重要なことや、ずっと使える資料作りなどに時間を使っていけば、仕事を続ければ続けるほどラクになって自分の時間が増えていきます。

そのようにして作り出した時間によって、自分しかできない、自分しか考えつかないことをするのはとても創造的で面白いので、ぜひ皆さんも勇気をもって仕事のクオリティを意図的にコントロールしたり、権限移譲をしていただければと思います。

他に私が個人的に捨てているものに次があります。

・スポーツニュースを見る
・新聞を読む
・ファッションを考える
・賭け事をする

スポーツはある特定のチームが優勝しようがしまいが、自分の人生にとって何のプラスにもならないし、自分の努力ではその結果が基本的には変わらないです（スポーツ好きの方すみません）。

新聞はホテルに泊まった時に本当に暇なら読むかもしれませんが、今までの人生の中で5回以下しか読んだことがないと思います。新聞を読むなら、雑多なニュースをネットで検索したほうが早いですし、社会のニュースは四季報や専門誌を読むほうが効率的だからです。

ファッションに関しても、長年費用対効果の問題で興味がもてませんでした。筋トレはずっと残るのでやれるのですが、服は着替えたら終わりだと思ってしまい努力する気が起こりません。

ただ仕事上で良い服を着なければならない状況もあるので、最近は年間定額制で私服とビジネス含めて選んでいただけるプロのテーラーの方にお任せしています。価格は高いかもしれませんが、お陰様でおしゃれだと言われる機会も増えました。

自分でセンスを学ぶことに比べると、年間何十時間も削減して同様以上の効果を得られるので、このようにしてお金を使って時間を買うという意識を持つのも、稼ぐ力をつける意味ではとても良いと思います。

またテーラーの方と雑談する中で、色の使い方などで得た知識を使ってリフォーム力も向上できました。

賭け事に関しては、不動産というきちんと取り組めば確実に勝てるものがあるのに、勝てる確率が低く、胴元がいるものにお金をかける意味が理解できないので、宝くじを含めてほとんどやった経験がありません。

競馬やパチンコでも勝っている人はいるらしいですが、その勝率は不動産と比べて段違いで低いでしょう。私の周りにある程度長い期間をやって不動産でトータルで損を出している人はほとんどいません。

また賭け事で勝っているといったところで金額は知れており、不動産業で成功している方と比べると比較する意味もないレベルです。

以上のことから賭け事をやる意味が全く私にはないため、興味もありませんし時間も使いません。

目標達成をするために必要な時間を生み出す方法

捨てる事柄についてはご説明してきましたが、もう少し具体的に捨てる時間や生み出す方法についてもお話ししたいと思います。

細かな時間節約の方法は皆さんの生活スタイルによってちがうので自分で発見していくしかないですし、また自分で見つけるのが楽しくなれば前向きに時間節約ライフを楽しめるでしょう。

ただ、具体的にどういうものがあるのか分かりやすいもので、お勧めするのは次のことです。

【さらなる時間の節約術】

① エレベーターに乗ったら、まず閉まるボタンを押してから目的階を押すことです。

② 同じエレベーターネタでいうなら一人で乗っているときに、出口ぎりぎりで待つのは時短のプロではありません。一歩後ろに立って、目的階について0・5秒くらいたったときに、まだ扉が開く前に踏み出すのです。体がぶつかる前に扉がぎりぎりで開けば踏み出しの瞬間

の時間を節約できることができます。

③ 同様に自動ドアがあると思いますが、手提げカバンを持って歩いているなら、毎日通る自動ドアの認識システムの位置は分かるでしょうから自分が通過するときに、そこに手提げカバンを当てると、体がそこに行くよりも先に扉を開かせられます。

さて、この①②③をやることで、一日何秒の節約になるでしょうか？

たぶん10秒にも満たないでしょう。だから重要なのです。そのコンマ何秒にこだわれるのは、他にそういう無駄に気が付いていくための第一歩なのです。

この一瞬にこだわれるようになれば、他にもどんどん無駄な時間は見つけられます。

例えば、次のような時間は、すべて何か他のことをしながら進めていける時間ではないでしょうか？

・PCの起動時間
・電車の移動中
・お風呂の時間

・テレビゲームをしている時間
・プリンターの印刷を実行している時間
・お皿を洗う時間
・ラインで話しながら画面の右上のボタンを押せば、ラインのメール処理も同時に行えるようにする

料理を手際よくされる方などはよくお分かりでしょうが、上手に料理をされる方は調理作業をしながら、全体の完成スピードを考えて、煮込みや味付け作業が出るものを先に進めます。調理中盤に入ると片手間で洗い物をしながら調理をすることで、料理完成時に後片付けもある程度進んでいる状態になります。

仕事でいうと、例えば相手に電話をかけてコール中の時間は無駄だと思います。

会社でもコール中は違うことをしていて、相手が出たら初めて頭をそっちに持っていきます。たまにコールが長くて何を話す予定だったたか、この相手が誰なのか完全に忘れて、電話がつながった瞬間にパニックになるときがあります。これを楽しめるようになれば、時間節約の上級者です(笑)。

また、これはぜひ明日から使って欲しいテクニックなのですが、上司や同僚、取引先や不動産でかかわる人などで話がめちゃくちゃ長い人がいますよね？

私も初期にやった失敗で、物件紹介してほしさに飛び込んだ町の不動産屋さんの暇なおじさんにつかまって、3時間くらいお店から出られなくなった苦い記憶があります。そういった方は、こちらがソワソワしたり時計を何回見ても気にしてくれません。

気の弱い方だとなかなか話を切り上げにくいですよね？

そこでお勧めする方法は、話し始める前に次のアポの時間を伝えて話を進める方法です。これによって、出ないといけない時間が決まっているため話が脱線したときに、すぐ修正することが可能です。使っていない方はぜひ明日から実践してください。

他に取引先との時間を効率化して、かつミスを減らす方法として、本書でも使っていますが、①○○、②○○　と番号を振って箇条書きする方法があります。

残念ですが、意外と自分の都合に悪いことには触れたくない人間は多いもので、そういった方と仕事をしていると、複数要件を投げた際に、相手に不利なもの以外に返信をしてくるケースはよくあります。

そこで要件別に番号を振れば漏れが少なくなりますし、箇条書きで書けば文章量も減り、

メンバーコラム

エスエスさん

3つの「大家力」が飛躍的にアップ

私が木村(孫子大家)さんと初めてお会いしたのは2018年10月、木村さんが世田谷区に新築したRCの物件見学会に参加したときのことでした。

当時の私は不動産投資を始めて2年半が経過した頃。特定の大家の会等には加入しておらず、独学で3棟目となる新築木造アパートの間取りや融資付けを詰めているところでした。

見学会に参加して痛感したことは、木村さんとの不動産投資家(大家)としてのレベルの差です。

同年代で同じサラリーマン大家にも関わらず、土地の選定、プランの入れ方、融資付け、問題に対するリカバリー、また大家仲間の多さなど全てにおいて圧倒的な差を感じました。

後日、木村さんが新たに自身が主宰する大家の会を立ち上げられると聞き、木村さんとのレベルの差を少しでも埋め、もっと大家として成長したいと思い、2019年より木村会に所属することになりました。

私が考える大家力とは大きく以下3点です。

・物件の仕入力

市場よりも安く物件を仕入れる力を持つことが大切です。

・資金力、資金調達力

いくら良い物件を見つけてもマネタイズできなければ意味がありません。現金を持っている、金融機関から良い物件が買えるだけの資金調達ができる力が必要になります。

・満室を維持する力

高利回り物件であっても空室であれば、家賃は入りません。そこで入居付けをして、更にずっと住んでいてもらうための力が必要です。

以上を踏まえ木村会に所属して今年（2020年）で2年目になりますが、会に入る前と現在とを比較すると、買っている物件と資金力が飛躍的に向上しました。

会に所属したことにより自分自身成長できました。良かったと思えることは大きく以下です。

・木村さんの物件購入の目線、融資付け、リフォーム、保険、出口の考え方を間近で学べたこと

手っ取り早く成長するには、自分より成功している人の真似をして考え方の差を埋めることだと思います。

そういう意味では同じ会に所属していないと単なる同業他者でしかありませんが、同じ会に所属しているがゆえに、共有してもらえる情報や内容が多々あります。

・年に4回木村さんに直接物件購入可否の相談ができること

いわゆる購入可否のOJTです。会に加入して初めて木村さんに購入相談した案件は5秒でNG案件でした（笑）。当時の私はそれだけ購入に対する目線が低かったということです。

以前は「この物件どう思いますか？」という全体的に判断を委ねる相談の仕方でしたが、今では私なりの購入目線を持ち、「これこれこういうストーリーで価格交渉し、このくらいの目線で物件購入しようと思いますが、木村さんならどういうストーリーで交渉しますか？」という具体的な相談の仕方になりました。

・物件紹介制度による仕入れ力の向上

会の中に会員同士が発掘した物件を紹介しあう制度があります。この制度により自身の物件仕入力が飛躍的に向上しました。

・木村さんを始め同じ大家会に所属しているという連帯感が他の大家仲間（同じ会の仲間）と芽生えたこと。

人との距離を縮めるには、「会う回数・話す回数・接触する回数を増やす」ことだと私は思います。

会の中での様々なイベント（定例の勉強会・懇親会・旅行・ＢＢＱ・登山・キャンプなど）を通じて会員同士の連帯感が向上しました。

以上４点です。木村厚夫なかなか侮れない男です（笑）。

物事が簡潔に進むようになります。

家族の理解を得る

不動産の個別コンサルのご依頼を多くいただく中で、これまでに多くの家庭を見てきました。長い方では4年連続で毎年ご夫婦で資産全体のアドバイスをさせていただいている方もいます。

家庭ごとにいろんなケースがあるのですが、ご主人が一生懸命に仕事をして不動産投資でお金を稼ぐ中で、奥様がそれを全く喜んでいないケースもよく見られます。私はそれがとてももったいないと感じます。

奥様は「もっと家族との時間を大切にしてよ！」と愚痴をこぼします。ご主人としては、本書でもご説明しましたように45歳から仕事がないリスクも考えられるので、今のうちにしっかり稼ぐのが、むしろ家族にとって大切だと考えているのです。

そういった重要事項の理解がないまま、奥さんは単にご主人を「お金のためだけに働いている」と思いがちです。ですから最初にそういったお金の話を家族でしっかりする必要があります。奥様が理解していない場合は、ぜひ本著をもう一冊買ってお渡しください（笑）。

- **家族のために、今なぜ自分が不動産投資をしないといけないのか**
- **それによってどんなリスクが減るのか**
- **いかに人生の自由度が上がるかどうか**

これらをしっかり説明しましょう。そこから得られる幸せと、人生におけるリスクが実は下がる事実をしっかり伝える必要があります。

お金を稼いだら当然「ハッピーじゃん！」という感覚で、稼ぐことに一生懸命な方が多いのですが、人によってはお金が何百万円、何千万円も儲かるよりも、稼いだあとに何をするのかを大切にする人もいます。

自分のパートナーのお金に対する考え方にも理解を示し、ぜひ少しでも共通できる考え方を増やしてください。

人には向き不向きがあります。例えば、私はロジカルに話してしまい、管理会社の人と話すと業務効率の悪さに詰めてしまう場合があります。

管理会社の人は、ロジックもですが情で動く方も多いので、何かをお願いするときは、私ではなく他の従業員に頼むことで、より柔らかく物事を伝えてもらっています。

もしも、奥様の理解を得て協力を得られたら、自分にとって苦手な部分を奥様にフォローしてもらえます。そうやって夫婦で協力して不動産投資ができれば、より成功率がアップするでしょう。

銀行の考え方と、資産の正しい把握

不動産投資は、個人としては巨額と言えるほどのお金を動かすことが普通にあります。巨額の現金を持つ個人は一般的ではありません。ですから、投資家として大きく成功するためには現金で投資していくのではなく、銀行から借り入れるのが大切です。

当然銀行から沢山お金を借りられるほど、投資に使える金額が増えるので、より多くの利益を出せます。

もちろん、いくら金額が大きくても良くない物件を買ってしまうと利益が出ないので、前提として良い物件を買うのが条件です。

その前提をクリアできるのであれば、規模が大きければ大きいほど利益も大きくなります。そのため大きな金額を銀行から借りて物件を購入することは、投資家として最重要項目ではありますが、その中で間違いとまでは言えませんが、私がやらない方法があります。

それは今回の「○○」という物件に対して、融資をしてくれる銀行を一生懸命に探すことです。なぜなら、金融機関を一生懸命に探さなければいけない物件とは、その物件は他の銀行に対して毀損する可能性が高いからです。銀行は極めて厳しいレベルでリスクヘッジを考えるものです。

これは仕方のないことで、銀行は市中からお金を低金利で集め、われわれ投資家に貸すからです。私のようなベテラン投資家には1％以下の金利で融資をするケースも多く、銀行はそれほど融資で儲けているわけではありません。

それゆえに、銀行は投資家にお金を貸すときは絶対につぶれない投資家に貸したいと考えていますし、つぶれたとしても貸した資金をしっかり回収できるようにしようと努めます。

投資家からすると、「なんでこんなに利益が出る物件に貸さないんだ！」と首をかしげたくなるような、非常にリスクヘッジを考えた融資をします。

その結果、購入価格に対して「8割しか貸せませんよ」と金融機関から言われることもあります。これは投資家さんに細かい説明をしないで、状況を理解してもらう方法でもあります。

例えば市中の取引価格が1億円の物件に対して、投資家さんに3000万円入れさせて、70%を銀行が融資するとします。そして、仮にこの物件をすぐ売ることになり、20%安く売らなければならなくなったとしても銀行は貸したお金を担保されます。

このような考え方から、銀行は物件に「掛け目」というものを入れて考えます。つまり、かなりネガティブに査定して考えます。

しかし実は、掛け目には銀行によって特徴があったり、購入後修繕や満室化などで、購入後に銀行の掛け目がかかる前の基準価値を上げるのも可能です。更に言えば銀行との関係性や、投資家として実績を積んで銀行からの信用を得て、掛け目のかかる前の基準価値を上げることも可能です。

事例をあげれば、2020年度でも某都銀では、私の紹介＋その銀行が求める基準を理解した提案をすることで、融資の俎上に上がらない案件が上がるようになり、投資家として未経験の方でも金利1%程度でオーバーローンの融資が引けました(後述する関係者の利害を考える方法などを用いて、関係者全員が得をするような提案を行っているので、特に個人の信用情報を弄ったりする方法ではありません)。また某地銀だとエリアを広げるのも可能です。

つまり、銀行は投資家に融資する際に、彼らのリスクを減らすために厳しい掛け目をかけるわけですが、それを理解した上で、厳しい掛け目をかけても銀行がフルローンに近い融資額で貸したい物件を持ち込めば、融資が閉まった2019年でも2020年でもフルローンは勿論、オーバーローンで融資を受けての購入が可能です。

実際私は2019~2020年にかけて、オーバーローンで購入しているほうが多く、悪くてもフルローンで物件を購入しています。

そういう物件は銀行が掛け目をかけても融資をしたいと思える物件です。これは銀行によって収益還元の考え方と積算の考え方、もしくはそのハイブリッドと多少の差があります。

ここが重要なのですが、銀行によって割合があります。それらを理解した上で融資を引かないと、あとあと自分がメインで使う法人と審査基準が異なるため、債務超過となり今後に拡大していく上で自分の足かせとなる可能性もあります。

よって物件を購入し続けることを目指した場合において、購入すべき物件は、融資を通ったとしても「借入額よりも物件の担保価値のほうが高く、銀行として購入後のほうがその法人をより信頼して評価するような物件」を買うのが肝となります。

メンバーコラム

菊池さん

まさかの1棟目からフルローン融資でホームラン

私は美容院を経営しています。以前から不動産投資には興味を持ち、大家会に所属して勉強しても、本を読んでも物件が買えずに悶々としていました。

そんなある日、美容院のお客さんの不動産投資家の方に相談したところ、「近くにすごく有名な大家さんがいるよ！」と、紹介していただいたのが木村(孫子大家)さんです。

実は木村さんの職場が徒歩圏内にあり、私の美容院にお客さんとして通っておられました。

とはいえ、お話ししたことはなく、前述の不動産投資家の方から、「不動産に戦略を持ち込んで中長期的に成功したいのなら、一度個別コンサルをお願いしたほうがいい」とアドバイスをもらって、はじめてお声がけをしたのがきっかけでした。

その紹介してくださった大家さん自身も税理士でお金の専門家ですが、木村さんの戦略で投資全体について道筋をつけてもらったことにより、非常に考え方が整理できたと喜んでおられました。私もご相談させていただいたのですが、満面の笑顔の木村さんの第一声が、

「僕はお客さんに好かれようと思っていないし、ドSなので厳しいことも言いますけれど凹まないでくださいね！」

だったので、ビリっと衝撃を受けたのを覚えています。

木村さんの個別コンサルにはドキドキしながら参加したのですが、話してみるととても気さくで安心しました。

まず自分の資産やビジネス、個人的な強みや夢を話して、それに対してどれくらいの時間やお金を掛けられるのか？ということから始まります。

木村さんは本業で15年以上も職業コンサルをされているだけあり、聞き上手でどん

どんと個人情報を聞き出してしまいます。
・自分がなぜ不動産投資をしたいのか？
・どれくらい本気でそれをしたいのか？
・そのために何をする必要があるのか？

それらが一気に整理され、自分の人生のリスクを下げるために、今不動産投資をやることが今後数十年の人生のリスクを下げられることが分かりました。

しかし、不動産投資は誰でも成功できるものではなく、しっかりとした努力とノウハウが必要であることも明確になりました。

その場で木村さんが主宰されている軍師大家の会へ入会をお願いしたのですが、

「入会されたら、先ず3カ月は物件を買わないでください。極論一年やって買えなくてもそれでもいいです。せっかく勉強するのですから絶対に儲かる物件を見つけて、それを購入できるように頑張りましょう！」

と言われたのが印象的でした。

軍師大家の会はフェイスブックで日々のイベントや物件情報が飛び交います。学びがあり刺激的な日々でしたが、サラリーマンの方が多くてイベントは土日が多いため、自営業で参加するのが難しい私は成果が出せていませんでした。

また自分で探した物件は、フェイスブックで他の会員さんに購入の可否を相談できるの

ですが、他の人からも「購入しないほうがいい」とアドバイスされてしまいます。

軍師大家の会では、良い物件を見つけた際に自分が融資を引けない場合は、1％の紹介料を会員同士で支払う代わりに物件情報を売却するシステムがあります。その紹介経由で一週間に1つ程度はかなり良質な物件情報が流れてきます。

私は購入側として何度か物件情報を申請したのですが、皆さんの判断スピードが速く、なかなか購入に至りませんでした。

そんな中、紹介案件でとてもいい物件を見つけ銀行に持ち込んだのですが、「投資経験がないあなたに1億円近い融資などできない」ときっぱり断られ、つい木村さんに愚痴をこぼしたこともありました。ところが、木村さんは少し考えると、

「この物件で、数字的にその銀行が融資をしない理由はない」

とおっしゃると、その銀行の違う支店を木村さんが使っているので、担当者と電話をして融資をしない理由をヒアリングされました。

そして、この取引が銀行にとってメリットがないことが分かるや、メリットが出るように売仲介、買仲介を銀行を含めて動いていただきました。

私を含めて関係者の皆にもメリットが出るように、2週間ほどで話をまとめてくださったところ、銀行が融資できないと言っていたこの案件が、ほぼフルローンが出るという奇跡が起こったのです。

まさに魔法を見ているようでした。

結果として不動産投資経験0の私が初めての物件で、都市銀行からイールドギャップ（表面利回り－金利）14％強、積算も出ている案件で高入居率ほぼフルローンという、ホーム

ランを勝ち取ることができたのです。

その後も管理会社、プロパン会社との折衝に戸惑う私に、

「菊池さんは不動産投資でお金持ちになりたいのですか？　それともいい人になりたいのですか？」

とズバリの一言で、投資家としての判断基準も明確に示してくださいました。そして、「木村さんのおかげでいい物件が買えました！」と感謝を伝える私に、

「買えたのは菊池さんの質問が明確で、その後の判断が早かったから。だから菊池さんの力です！」

そう褒めてくださりながら、

「今回学んだことで、今後もキッチリ買えるようになるはずです。だから本業のほうで融資ももっと引きましょう」

とムチで叩きながら、ハードルもしっかり上げてくれたのです。流石に本人も自覚しているドSなお人です！

不動産は様々なトラブルが突発的に起こるので、こうやって明確にアドバイスをしてくださる人がいると安心できます。今後とも優しくご指導くださいね、木村さん(笑)。

必要な物がどうやって手に入るか
～自分の立場ではなく、利害関係者の立場から考える～

利害関係者の立場から物事を考えられるかどうか？　私はビジネスをしていく中で成功のためには、これが一番重要な要素の一つだと考えています。

「利害関係者の立場に立って考えることが成功につながる」と聞くと、キレイ事のように聞こえますが、果たして本当なのでしょうか？

私の信奉する孫子（孫武）は、著作『孫子』の中に、この考え方を頻繁に取り入れています。孫子の兵法の本質は、ある意味古代から伝わる心理学の本と言えるかもしれません。現実主義でかつ、結果が生死に直結する時代の人が、果たしてキレイ事をその考えの根幹に取り入れるでしょうか？　答えは当然ＮＯです。

ではなぜ孫子は、利害関係者の立場から物事を考えることをその思考の根幹においているのでしょうか？　それは、基本的に人は利害によってその行動を変えるからです。

当然、信義や友愛や責任感で物事を決める人もいますが、大多数はそうではありません。

特にお金や命がかかった場面において、人の行動原理は利己主義になりがちです。

つまり孫子は基本的に人へ、信義や友愛をもって、自分の意図通りに動いてもらうことは考えておらず、相手の利益を用意してそれを使って相手を自分の意図に沿って動いてもらい、それによって目的の達成を目指しているのです。

言い換えると、相手が自分の思い通りに動いて相手がその人の希望を達成したら、それが自動的に、こちら側の目標を達成するのと同義の状態を作り出していることです。

重要なポイントは、この時相手に強制する必要も監視する必要もなくなります。なぜなら相手が自分の利益を求めて行動するほうが自分の

利益につながるように仕組みを作るわけなので、何も言わなくても相手は自分の利益のために頑張りますし、それが自動的にこちらの利益につながるからです。

関係性や情では一度はやってくれても、それが相手の利益につながらないのであれば、その関係性はなかなか続きません。

つまり関係性を続けるためには、常に相手の利益を考え、できるだけ相手に利益を得てもらうことが必要になるのです。

では、そもそもなぜ相手との関係性を続けていくことが重要なのでしょうか？　取引ですから、一度自分が得をして取引を終了。また、新しい取引先を探しても良いのではないでしょうか？

長期的な関係性を作ったほうが良い理由は簡単です。それは不動産投資が長期投資だからです。

不動産投資は現金でやる方もいますが、多くの場合は銀行から融資を受けてある程度大きな資金を長期間動かし、毎年のＣＦを積み上げます。そして売却時には元本返済がある程度進んでいるでしょうから、大きな現金を得ることを目指して行うものです。

当然ながら最低でも数年、長ければ10数年間も物件を保持するわけですから、短期的で関係者が入れ替わってしまえば、いつまでも経営が落ち着きません。

また不動産投資が投資として優れている大きな点は、その業務のほとんどの部分を外注できることにあります。

金融機関・相談できる仲間・メンター・大工・工務店・管理会社・客付け会社・保険会社・デザイナー・設備屋・ネット業者・プロパン会社など多岐にわたるプロに味方になってもらい、業務のうち自分が時間的、知識的にできない部分を外注して、規模や効率を最大化できます。

これが不動産投資の最も有利な点ですから、その有利さを活かすために、その大切なパートナーが自分と付き合うことで利益があるような仕組みを作りましょう。これを常に考えれば不動産投資で勝ち続け、利益を最大化するポイントになります。

皆さんもキレイ事ではなく自分のために、仕事でかかわる人の利益を少しでも大きくするため、行動してみてください。相手の利益を考えるといっても、自分がそれによって損をしてしまうようでは続きません。

では具体的にはどのように行動すれば、自分の利害関係者が利益を得て、より自分に貢献してくれるようになるのでしょうか？

　私がしている行動をあげておくので、取り入れられるものはぜひ明日から使ってください。

【関わる人に利益を与える行動とは】

・支払い期日よりも早く払う（工事などは基本完了日即日）

とはいえど、私みたいに長年付き合っている業者だからといって、終わってもいないのに支払ってお金を持ち逃げされないでくださいね。

・無理な値切り方はしない（価格が合わないときは、理由をきちんと伝える）

　部材の施主支給なども相手にとって手間なので、大きな金額差が出るものだけ依頼するなど工夫。

・良い仕事をしてくれた業者などは他の大家さんを紹介する

・大家さん友達を募って共同購入などをする（相手へのボリュームメリット）

・相手の仕事をある程度理解する（修繕の手順や、相手の業務効率を考えて理解することで、自分にとっては大きな作業ではなくても、相手の仕事を減らせる提案があれば積極的に行う）

【軍師大家の会】

「大家業を真剣に頑張る！」

本当に真剣なら、何もしないより確実にお金は手に入ります。そう思えたならまずはおめでとうございます。

ただその過程で道標がないと時間を大きく浪費してしまいます。

『軍師大家の会』は成功への近道です。

皆さんに『軍師大家の会』でお会いできることを楽しみにしております！

軍師大家の会2021　の紹介ページ

※例年大人気　1対3　少人数ZOOMセミナーの情報もあります！！

https://sonshiohya.com/2021-2/

【無料ライン@のご登録】

木村厚夫（孫子大家）の行うイベントや、大家として経験から役立つ情報を発信します。

発信頻度は月に１～２回程度です。

ご登録いただけましたらlineから、「『勝ち抜くための不動産投資戦略』を読んで登録した」とコメントください。

①　『確実に儲けるための物件価格の決め方』

②　『孫子大家の物件購入時のチェックポイント』

③　『孫子大家と関西の凄腕大家ふぁる氏の対談動画　53分　融資が下りない時代に物件を購入する方法』をプレゼントいたします。

例えば階段の塗装等、作業を理解すると仕事の大きな部分が塗料が乾くのを待つ時間になります。その時間を使って作業を依頼することは相手にとって面倒くさくはありますが、金銭的損失をもたらさないお願いとなります。

・大家仲間などに対しても、ギブアンドテイクではなく、ギブギブギブたまにテイクの気持ちで接するようにする

・助成金や融資情報など、大家会では有名ですが、他の業界では知られていないお得な情報などを手に入れたら、できるだけシェアするようにする

戦術を成功させるために、自分の武器を正しく認識して有利な土俵を選択する

また折角、孫子の兵法にふれたので、その中でも使えるポイントについて少し解説します。

孫子の兵法は13編から成り立ちますが、その中でも謀攻編・虚実編・軍争篇は、特に仕事

や不動産に使えますが、虚実編は現代ビジネスマンも必読な金言がちりばめられています。

例えば、優れた指揮官は兵士を自由に配置、情報を秘匿し、時にはフェイクニュースを使って敵を目的の場所に移動や分散させ、そこにこちらの兵力を集中して、多数VS少数という自軍に有利な状況を作って勝つべきだと言っております。

正にビジネスでいうところのランチェスターの法則を理解した戦略だと言えるでしょう。

では個人の投資家としては、このような考えはどのように使えるでしょうか?

敵とは、ライバルの投資家だとすると「兵力を集中して」という言葉は、「自分の強みに集中して」と言い換えられます。もしあなたがコミュニケーションに優れた営業マンなら、不動産営業担当者と仲良くなることでこれが達成できるでしょう。

もし、あなたが暗い性格であっても年収の高い会社員なら、その属性を利用して銀行融資にフォーカスして、不動産営業マンにとって話しにくいけれど、融資は確実に引いてこれる人であることをアピールしましょう。

お金も、コミュニケーションもなくても若いのであれば、労働力を生かしてDIYで活躍できます。このようにポジティブに自分の強みを見つけてそれを活かすことで、仕事と同じように不動産投資でも有利な状況を作っていけるわけです。

メンバーコラム

さいとうさん

DIYを体験して利回り25%で大家デビュー!

不動産投資については本を3~4冊程度読んだくらいの状態でしたが、まずは「大家さんを知ってみたい」と思って、軍師大家の会に入会しました。

軍師大家の会では、すでに物件を持っている方が、自身の物件の修繕を会で企画してくれます。まずはそれに参加してどんな活動をしているかを実際に目で見て触れることにしました。

私が参加した最初のイベントは残置物の撤去(ゴミ捨て)。ゴミ捨てを手伝った後に先輩大家の方の考え方や買い方などを詳細に聞くことができたため、どういう状態なら買っても良いのかという目線を養う体験ができました。

自分は最初から築古の戸建て再生を考えていたので、その手法に取り組んでいる先輩と内見に行くことで物件を買う基準が定まってきます。

内見して、傾いていたり、雨漏りしているたりする物件でも、場所や程度によっては対処可能なことを学べました。

だんだん慣れて感覚がおかしくなってきたせいか、どんな物件を見たとしても驚くこともなくなってきました(笑)。

会の中で最も学びになったのはDIYイベントです。修繕前の状態から完成、入居付までの流れを生で見せてもらうことで、何を取り組むべきか明確になりました。

このようにDIYイベントに参加して修繕にもどれくらい費用が必要なのかもある程度把握した上で進めていけました。

物件取得の際にラッキーだったのは、物件の紹介を受けられたことです。

会の中でも既に築古再生に取り組んでいる方が、良い物件を見つけたけれど、資金的な問題で買えなかったため、そのままその物件を紹介いただき、入会してから2カ月目には1棟目を取得できました。物件取得費用から修繕費込で350万円です。

購入後は、教えてもらったDIYの知識を活かして、修繕に2カ月半ほどかけました。

軒天が破れていたり、洗面所の床に穴が空いていたり、2階の部屋に雨漏りがあるなど課題をクリアして内装だけは新築のような仕上がりに。

その後、入居付を開始して2カ月経った段階で7・5万円の家賃で入居申し込みがあり、実質利回り25％で大家デビューを果たすことができました。

入居付けについても当初は苦戦していたのですが、会で実施される勉強会で状況を伝えて質問すると個別具体的なアドバイスをいただきました。

FBグループで相談することもできるため、これから大家になろうとしている人で、しっかり行動できる人にとっては非常に心強い会だと思います。

これからは会で頂いた知識と経験を元に、しばらくは築古戸建ての再生を少しずつ進めて家賃収入を積み上げていく予定です！

第５章

借入れを増やさずに
ＣＦを増やす方法

ＣＦに一番大きな影響を与えるものは？（金利・年数）

第5章では、借入れを増やさずにＣＦを増やす方法についてご説明します。

この方法は最終的に借入額を増やす結果につながります。借入れを増やさずにＣＦを増やすとは、つまり稼ぐ力を増やすということです。

金融機関の立場からすると、より収益性の高い会社はより安定した貸付先ですから、当然よりお金を貸したいお客さんとも言えますよね？

まず稼ぐ力を増やすことで、自動的に借りる力が強化されるわけです。

では、稼ぐ力はどうやって増やせば良いのでしょうか？　方法は大きく分けて下記の３つになります。

【稼ぐ力を増やす方法】

① 借入れ条件を変える

② 収益力を上げる

③ 経費を減らす

これらを具体的にはどうすれば良いのでしょうか？

①は銀行からお金を借りるとき初めに約束して行うことなので、基本的に変更は難しいです。

しかし、初めに融資を受けた状態よりも大幅に社会環境やご自身の状況が変わっている場合は、その条件決定の前提条件が変わっているわけです。

ですから、これが好転している場合はそれを金融機関に告げて、融資条件をこちらにとって改善するのが可能な場合もあります。もちろん、あえて再交渉しないことで、その金融機関に対して信頼関係を深める考え方もあります。

また、借入れ条件を変えるといっても2つの要素があります。

1つは借入期間を延ばして年間の返済総額を減らす（長期的には返済する金額は増えてしまいます）。

もう1つは金利を下げてもらって返済額を減らすことです。

不動産投資においては前者を金融機関が提示してくるとはあまり考えられませんので、金利の引き下げが期待される結果になります。

また、コロナや台風など特別な社会変化により、一時的に運転資金などを非常に低金利で借りられるときもあるでしょう。その際は、借入期間は短いものの非常に安い金利で借入れを行えるため、現在の借入れ条件によっては新たな借入れを起こし、既存借入れを返済することで多少の収益改善も可能です（後述の理由で私はやりませんが……）。

ス○ガ銀行などから4％台で借りている場合は金利引き下げの効果はかなり大きく、私の大家会の塾生でも最大4・5％→2・3％まで下がった方がおられ、仮に1億円の借入れがある方であれば、年間200万円オーバーの収支改善になります。

これは借入額に対して2％ですので、多くのフルローン不動産投資を希望している方が投資額に対して、期待している経費などを引いた利益に近い水準です。

つまり、高い金利でお金を借りている方に関しては、まずこの大きな出費を見直すことが収益性に対して非常に大きな意味を持ちます。

次に、遺産相続や他の物件売却に成功して、ある程度お金を持った方からよく受ける相談なのですが、「そのお金を使って（前述の様な）高い金利で借りているお金を、前倒し返済したほうが良いのでしょうか？」という相談があります。

これに対しての答えは目的によって違います。

① 元の状況よりも資産が増加しており、金融機関にとっては融資をしやすい対象になっているので、それを生かして他の地銀や都市銀行に対して借り換えの話を行う。

② 上記の①と似ていますが、更に相続などで手に入ったお金を使って頭金を入れると、お金を貸す側の金融機関のリスクを下げることで、より良い条件での借入れを狙う。

通常は、上記の①②を選択される方が多いですが、高いといっても金利は4％台くらいでしょう（一部9％などという金利を提示するノンバンクもありますが……）。

①②共に、収益を改善する方法ではありますが、私がお勧めする方法は以下の③になります。

③ 100～500万円程度の土地値に近い金額で購入できて、修繕後の利回り15～20％の戸建てを購入する。

つまり金利を減らさず、その現金を生む資産に投資して、そこからの収益で金利を払うという考え方です。

更にこの状態ですと収益性、資産性ともに増大しているので、今の金融機関に対して金利交渉を行うのもかなり容易になります。

またこの考え方ですと、現金で買ったこの無担保の物件を担保に入れることで、後に借入れを行うときも有利になるなどのメリットを得られます。

より経験が豊富で相場が安いタイミングであれば③の派生形として、その現金を頭金に更なる借入れを起こして、より大きなキャッシュフローが得ることも可能だと考えられます。

保険の適正なコストと保険の使い方

では、金融機関との借入れを見直したところで、いよいよ具体的な経費削減に入っていきましょう。

まずは保険についてですが、保険をコストとして捉えるか、副収入とみなすかで考え方は大きく変わると思います。

異論を恐れずに言うと、現在の保険の制度、大家さん全体の知識量で言うなら、まともな知識があって交渉をしっかり行える大家さんであれば、現在の保険システムは副収入が得られる道具となります。

保険は大きく分類すれば、次のように別れます。

【保険の分類】

① 建物全体の火災保険
② 建物全体の地震保険
③ 各部屋の火災保険

この中で、確実に保険料よりもリターンが大きな可能性が高いといえば、私の経験上は①と③になります。

■保険の基礎的な知識

①の「**建物全体の火災保険**」と、③の「**各部屋の火災保険**」については、事故によって発生した被害を回復することに対して保険金が支払われます。

あくまでも回復させるという表現なので、回復させるために必要な、常識的な工事に対して費用が支払われます。

しかし、それに対して被害に遭う前のように回復させるかどうかの判断は、こちらに委ねられています。

工事の知識をきちんと持っていれば、50万円かかる工事が10万円でほぼ同じ機能を持つようにできる場合もあります。工事の知識さえあれば、この様な場面で大幅に利益を積み増すことが可能なのです。

【事例①】

非常に狭い場所で崩れた土壁の外壁を元通り修繕することに対して、狭いがゆえに工費が高くかかります。それでもサイディングを上から被せるだけで目的が達成できるのであれば、土壁を修理するよりも格安で修繕が可能です。

【事例②】

トイレタンク上部が破損して交換の必要はあるが、一体型のため取替えるのに大きな費用が掛かる場合は、トイレタンク上部のコーキング処理を行います。そして焼杉板の様な水に強いカバーを被せて終わりにすれば、10分の1程度の費用で修繕可能です。

【事例③】

極端な話、ボロ戸建ての屋根が台風によって吹き飛んだ場合であれば、修繕をするよりも解体して土地売りするのも検討に入れると、非常に大きな金額を得ることも可能です。

それに対して②の「**建物全体の地震保険**」は、考え方が火災保険とは全く違うので注意してください。

地震保険は被害を建物の破損状態によって、次のように分類されます。

【建物の破損状態】

- ・全損
- ・大半損
- ・小半損
- ・一部損

支払われる保険額は、火災保険の50％が上限となり（特約で１００％にすることは可能）全損で１００％、大半損が60％、小半損は30％、一部損で５％となります。

ここで注意点です。地震による火災や津波で建物が滅失・破損した場合は、通常の火災保険では保証されないので注意してください！

また地震保険の申請をすると、必ず第三者機関の査定員が調査に来られます。管理会社さんに見に行ってもらうのも可能ですが、やはり人と人です。私も何度か立会いをしましたが学びも多いですし、ご自身で立ち会われることをお勧めします。

■汚破損・電気的特約など、その他特約について

汚破損は会社にもよりますが大抵は事故物件になった際にも使えるらしく、特約費用に対してリスクを考えるなら掛けておいたほうがよい特約と言えるでしょう（幸い私はその被害に遭ったことがないので実例はありませんが）。

電気的・機械的事故特約とは、給排水・床暖房・ポンプ・エレベーター・浴室乾燥機・アンテナ・インターホン・エアコン・照明などの故障の修繕に使えます。

あくまで、これは建物の補償に付けられる特約なので、家財に対しての「電気的・機械的事故」は対象になりません。「建物」と「家財」の区別は、建物に『くっ付いている』か『くっ付いていないか』となります。

加えて経年劣化の場合は使えません。そのため申請時には何らかの故障原因が必要です。三井住友海上は10年以上が経っている建物では入ることができません。現時点でこの特約に関しては、損保ジャパンのほうが適応しやすくなっています。

この特約に関しても、何が何でも入ればいいというものではなく、故障の修繕に使えるものの中で大きな金額になり得るエレベーターやポンプなどがある建物については、できるだ

け入る考え方も一つでしょう。

また金額が大きな故障に関しては、株式会社フランクリン・ジャパン社の「落雷証明書」(https://www.franklinjapan.jp/service/issue/)が８０００円で購入できます。落雷が近いタイミングであった場合はこういった証明書を取得して、保険会社に案件を持ち込むとより高確率での保険金を得ることにつながると考えられます。

【水災保険】

これは、「物件の住所＋ハザードマップ」(https://disaportal.gsi.go.jp/)で調べられます。水害が予想される場所であれば水災保険は入るほうが無難ですが、この特約はそれ以外のエリアでもぜひ入ったほうがよい建物もあります。

例えば、都心部にある半地下のＲＣなどは水害エリアでなくても、大雨のときに下水が逆流する確率は高いです。私の知り合いも２０１９年の台風で下水の逆流が起きてしまい、１階の部屋すべてが汚水で被災しました。

なお、新築時に下水がもどらないようにするための「逆止弁」という設備を付ければリスクが軽減されるものの、この逆止弁が故障しやすいため、今度はこちらの修繕リスクが出てきます。

【建物賠償責任保障特約】

利益云々ではなく、リスク管理として付けたほうが良い保険です。建物の瓦などが落下して通行人にケガをさせてしまうなど、極めて確率は低くても可能性が0ではない事象……つまり、本当の意味での保険となりうる内容です

私自身も1棟目の物件でこちらに助けられました。

購入した物件に絵画が多数保管されていたのですが、まさにその部屋で漏水が起こってしまい、上代金額（市場価格）1500万円ほどの被害の賠償を入居者様に求められたのです。最終的には減額に応じてもらい、保険金会社として出しやすい上限の1000万円弱で入居者様と合意することができました。こういったリスクは投資初期では気付きもしないでしょうから、「個人賠償責任保障にはとりあえず入っておく！」という考え方をお勧めします。

【失火見舞い費用特約、類焼損害】

こちらの物件が火災を起こしてしまい、隣家を焼いてしまった場合の保険です。

よく誤解されますが、こちらの失火により隣家へ被害を及ぼしても法的に責任はありません。そのためビジネスライクに考えるならば、この特約は付ける必要がないと思います。

【免責】

この項目を読み飛ばす方は非常に多いのですが重要です。

免責は一カ所の破損に対して、「〇万円以下は保証しません」というものなので、特に3の「各部屋の火災保険」についてはこの免責がない、もしくは免責金額はできるだけ低いものでなければ保険の意味をなさなくなってしまいます。

※細かく説明はできませんが、免責事項があり、壁に複数の傷がある場合などの場合、写真の撮り方によって、保険金が下りる金額が変わる可能性もあります。

【保険金額】

保険金額については、「どんな建物でも満額を掛ける！」という方針の方もいれば、一番小さい金額を掛ける方もいます。

それぞれの考え方があるでしょうし、そのやり方を否定するわけではありませんが私は建物ごとにもう少し深く考えています。

例えば、火災の被害に対しては地方によくある2階建てＲＣ10世帯（1フロア5世帯）と、都心部の5階建てＲＣ10世帯（1フロア2世帯）で比べた際、同じ建築面積の場合なら保険金の掛け額は同じですが、リスクも同じでしょうか？

火災によって生じる火は基本的に上へ行くので、最上階で発生すれば大きな被害はその部屋だけで終わる可能性が高くなります。もちろん火の量にもよりますが、その場合は2階建ての建物であれば、50％の確率で被害が一部屋になり、5階建てであれば20％の確率に減ります。

また、同じ面積の同じ建物であっても前面道路が細い物件の場合と、前面道路が広い物件を比べて、消防車が到着する時間、及び消火スピードは同じでしょうか？

この様な要素を考えていくと、例えば階段の上にある建物であれば、満額で保険を掛けたほうがいいし、消防署が近くにある道路付の良い低層階の建物であれば、火災保険の金額は少し低めに掛けてもいいと思います。

【保険の支払い方】

基本的には10年一括、5年一括を選択される方が多いのですが、金額を固定した上で毎年クレカ払いという支払い方もあります。

総コストは年払いよりも一括払いのほうが安いですが、仮に途中で物件売却をした場合は保険代理店にペナルティがあるようです。長期的関係を作っていきたいと望まれるなら、短期で売ることが分かっている物件の場合は年払いを選択してあげるのが良いでしょう。

また私は、今年に加入した保険で9年一括払いにしたものがあります。

理由はクレジットカード決済を受け付けてくれる、その保険会社の上限金額が100万円で、クレジットカードのポイントを貯めるほうを優先したためです。

小さな利益ですが手間に対してはコスパがいい節約なので、皆さんもギリギリにクレジットカードが使える金額になる場合は、年数を減らすことも選択肢の一つに入れていただければと思います。

エレベーター・インターネット（ケーブル）・定期清掃費・プロパン・都市ガスなどコスト削減について考える

物件を保有していると、家賃収入に対して様々な経費が出ていきます。電気代・ネット代・修繕代・保険代・税金等々、多岐にわたります。

不動産投資は基本的に建物を人に貸してお金をもらうビジネスですが、建物の数が決まっている以上、その売り上げは最大値が決まっています。

そのためコスト削減を行うことは、キャッシュフローを増やす上で直接的に関与できる大きな要素です。

具体的に大きなコストでいうと、エレベーター保守の金額や、インターネットの金額はかなり大きな差が出ます。

これは交渉力や物件の数が多いことによるボリュームメリット、小規模大家なら大家会が代表交渉してくれるなどでの交渉によるボリュームメリットで好条件を引き出せます。場合によっては、30～50%くらいの値引きは普通にあり得るコストダウンです。

またよく知られた話ですが、定期清掃を管理会社からシルバー人材センターに替えるだけで半額以下になることも多いです。

更にプロパンガス供給会社と交渉すれば設備などをもらえる場合があります。

これも交渉力やボリュームメリットを使うことで、最大1世帯につき20万円程度のサービスを受けられる可能性があります。

加えてこのプロパンガスからの貸与を条件に都市ガス会社と交渉すれば、プロパンガス会社には劣るものの、ガス給湯器などを支給してもらうことも可能です。

修繕コストを下げよう

物件を運営して賃料を得るのは、物件の仕入れ額＋修繕費が必要です。

ＣＦを増やすために物件を安く仕入れるのは当然で、修繕費を削減することは目的達成のための大きなポイントになります。

もちろんＤＩＹをやる、施主支給をするなどまともな方法で修繕を削減する方法はありますが、物件数が多くなってくると難しくなります。

そこで、手間を減らして修繕コストを下げられないか考えてみましょう。

築古物件を多数リフォームしている方ならお分かりでしょうが、リフォームで金額が大きくかかるのは水回りです。

具体的には、お風呂・トイレ・キッチン・洗濯機の修繕や移設です。

水回りは一カ所にまとめ完璧を求めなければ、ある程度は安く施工することも可能です。それらの方法は中古再生系をやっている方の本に詳しく書いてありますので、本書では考え方を変えたコスト削減を狙う方法をご紹介します。

例えば1Kや1Rの場合なら横の部屋と1つにして、そもそも水回りの数を半分にする考え方です。

この際、基本的には築古物件を想定しているわけですから、使わない部屋についてはお風呂を撤去しません。

板で蓋をして、物置として使用することで基本的には十分です。

いっそのこと浴室への扉をコンパネで塞ぎ、元から無かったことにするのも一つの考え方です。

自分が住みたいかどうかではなく、そのエリアで入居者が求めているものを正しく認識して、華美にならない修繕を行って最大利回りを目指して修繕プランを考えてください。

そして、その水回りをなくす考え方をより大胆にすると次の考え方も可能です。

【水回りのない物件への修繕パターン】

・住居 ⬇ 店舗
・住居 ⬇ 倉庫
・住居 ⬇ 自転車置き場、バイクガレージ

これは主に激安物件を購入した場合に考える方法なのですが、地方で駐車場が足りない物件を購入したときにも、自動車が必要になるための需要を制限する意味で一つの解決策になりうる方法です。

ただし、具体的には建築士に確認して、用途変更についての申請などを行う必要があります。

家賃以外での収入拡大を目指す方法について

物件をお客様に貸しているうえで、満室経営は大家として目指すべきことですが、それ以上に収益を高める方法は様々にあります。

立地や建物によって向き不向きはあるので取捨選択をきちんと行って、収益拡大を目指しましょう。

では具体的にどの様な収益拡大の方法があるのでしょうか？

一例をあげると、次のような方法があります。

【収益拡大の方法】

- 看板設置
- 倉庫の設置
- 太陽光発電パネルの設置
- バイクガレージ作成
- コインパーキング設置
- 自販機設置
- トランクルーム作成

ニッチで参入障壁の高いほうが収益性は高くなります。例えば駅に近く地下を含む大きな建物なら、セキュリティ重視の高級バイクガレージなどは根強い需要のある物件になります。コストがかかるところでいうと、太陽光パネルや看板の設置などもこれに当たります。私の例でいうと、バイパス横の物件で車の音がうるさく、その音を消すための壁を建てる際に、その壁を看板にしました。こういった方法であれば、かなり少ないコストで新たなる収益を生み出すこともできるので、柔軟に物件の強みを見つけていただければと思います。

またコストがほとんどかからないところでいうと、自動販売機の設置があります。よく、自動販売機の設置業者を使う方もいますが、メーカー直接に設置をしたほうがいい場合が多いです。

アサヒカルピス・コカコーラ・伊藤園・キリンビバレッジ・ダイドー・ポッカ・大塚ウエルネス・サントリーなどが有名どころですが、会社によってかなり条件が違ってきます。設置時にお金を多くくれるところもあれば、1本売れるごとにもらえるマージンが多いところもあります。

学校の隣りという立地ならコカコーラがよく売れるでしょうし、老人ホームの横であれば伊藤園のお茶が売れるかもしれません。工場地の近くはコーヒーを買い求めるイメージがあります。

特に前面の道が細い場合だと、大手さんは設置自体がNGになることも多いのですが、工場の休憩室前の物件に設置したケースでは視認性も悪く、狭くて、階段を2段上がって買わなければいけない、全く良い立地とは言えない物件でした。それでもコーヒーとお茶がよく売れて、月に数万円の利益を上げてくれる場所もありました。

一社設置を断られてもあきらめず、どん欲に収益を追いかけていただければと思います。自動販売機設置企業が電気代を負担してくれるサービスもありますし、立地条件によっては、こちらが得なケースもあるので併せて確認されると良いでしょう。

一等地の物件については狭い空間もお金になるので、この点もぜひ見直してください。

事例でいうと私の購入した物件がかつては地下を工場として使っており、変電のためのキュービクルという変圧器を設置する空間がありました。それを撤去して空いたスペースに、近所のガラス職人さんへ「ガラス置き場として使用しませんか？」と直接提案したところ、月に2万5000円、年間で30万円の賃料がいただけました。

これは6％でこの物件を売却すると考えると、30万円÷6％＝５００万円の売却価格の増加が見込めるため、非常に大きな利益を生んでくれる結果となりました。

こういった、スペースを有効活用して、収益を上げていくような考え方は、小林ヒロシ先生の著作『「自主管理」で年４０００万円稼ぐマンション経営術』（洋泉社）はとても役立ちますので、是非とも読んでいただきたいです。

第6章

利害関係者を味方にする（心理学的アプローチ）

スタート地点に立つために！（できない理由を考えることをやめる）

不動産投資は知識や初期資金はもちろん必要ですが、絶対的になければいけない要素は、「不動産投資で成功して利益を得たい！」という、燃えるような欲求です。

不動産投資にかかわらず、何かを達成するためには利害関係者を巻きこんで、これらの方に応援してもらえる関係性を築くこと。これができれば意識していない方に比べて圧倒的に有利な立場を得られます。

では、一番重要な利害関係者は誰でしょうか？

奥さん？　旦那さん？　ご両親？　子ども？　友達？　不動産屋？　銀行？　管理会社？　工務店？

もちろん全て重要ですが、一番重要な利害関係者は違います。

一番需要なのは自分です。

自分が自分自身で、「絶対に成功する。そのために努力する！」と決めることです。

不動産は成功すれば数千万円、数億円のお金を最終的に得られます。

そのお金は自分の人生に自由と安全を与えて、あなたを規制から解き放ってくれます。つまり、一般の人が〝普通〟に我慢している多くのことをしなくてよくなります。

言い換えると、普通から脱出できるのです。

それを達成するために、〝普通〟のままでいてもいいのでしょうか？

そんなはずはないですよね？

大きな成功を得たいのですから、お金か能力か努力のどれか、もしくはいくつかを大きく投資しなければいけません。

それを全くしないで他の大家さんと同じように、本だけ読んで勉強して投資をしているだけでは、よほど才能に恵まれて資金のある方でもないかぎり大きな成功は掴めないでしょう。

そして、努力をしても（その努力を間違った方向にしているケースが大半ですが……）成果が出ないことが続くと、多くの人はこのようにいいわけをします。

「だって私は年齢が60歳近くて……」

「だって私は年収が低くて……」

「だって私は初期投資の資金がほとんど無くて……」

「だって妻(夫)が反対していて……」

「だって、だって、だって……」


本当に多くの方が、簡単に「でも」「だって」を口にします。

「なめてますか?」


と言いたくなります。

普通の生活を脱出して、大きな成功を得たいですよね?

もう一度だけ言いますが、あなたはこの本を6章まで頑張って読まれてきて「人生を変えたい!」「もっと人生を良くしたい!」と願われているはずです。

それには普通のままではいけません。

普通の人が普通の常識で考える、「でも○○」や「だって○○」は、はっきり言ってレベルが低いことがほとんどです。大体の「でも&だって」は、頭をひねれば乗り越えられます。

そして、その問題解決の先に大きな利益があるわけです。

あなたが圧倒的な資金力か、とんでもない才能を秘めているのなら必要ないかもしれませんが、そのどちらも普通よりちょっと高い程度であれば、あとは努力しかありません。

しかし、残念ながら「努力をした！」と自分が感じるのは、普段の自分の労力に対して頑張ったかどうか？　という本人の判断基準です。

これではなかなか成功できません。何故でしょうか？

答えは以下の２つです。

1つ目は、そもそもの努力の量が足りない

2つ目は、正しい努力をするためのメンターがいない（努力の方向性が違う）

さぁ、成功すると決めたのでしたら、自分が努力する目標に対して常にこの２つは満たされているかチェックしてください。

方向性があって、しっかり目標に対して必要量の行動を続けられれば、確実に成功は近づいていきます。

それでは本章を読み進めていく前に整理しましょう。

①「この本をここまで読んでいるということは、あなたは大きな成功を求めている」

②「成功するためには、よほど恵まれた人以外は、普通ではない努力が必要」

③「メンターを使って目標を常に補正し、正しい量の行動を続けることが重要」

この3点が満たされているなら、成功は時間の問題です。

「でも」&「だって」をやめて、第一番の利害関係者の自分を正しくコントロールして成功に向かいましょう。

・天地人を知る

孟子の教えに、「天の時は地の利に如かず　地の利は人の和に如かず」(天の与える好機も土地の条件には及ばず、土地の有利な条件も民心の和には及ばない)という言葉があります。

重要度は、**天の時(タイミング) ＞ 地の利(利害調整) ＞ 人の和(人間力)**です。

また日本の戦国時代に最強の武将と名高い、あの織田信長軍にも勝利した上杉謙信は、とても興味深いことを言っております。

「天の巡り合わせが良くて、地理的に有利に恵まれ、その上に家臣や領民がまとまっている……そんな3つの条件を満たした大将は、いまだ日本の歴史にも中国の歴史にも、神話時代にも見たことがない。もしこんな大将がいたならば、戦も起こらないだろう」

ということです。つまりこんな大将がいたら、すぐにその大将を中心に覇権が成立し、その国家は統一され平和になるわけです。

では、揃えられれば天下すらとれると言われる天地人、これらを不動産賃貸業に当てはめられる部分を使っていきましょう。

天の時　どのタイミングで提案するか

孟子にとって、天地人の中では一番重要度は低いとされましたが、「天の時が重要ではない」ということは勿論ありません。

非常に重要な要素であるのは間違いないのです。

天の時……つまりタイミングですが、これは営業職であれば仕事で上手にできている方も多いのですが、いざ不動産になると突然できなくなるケースがあります。

不動産も人がかかわる事業なので、普段の仕事に置き換えて考えることにより、このタイミングをとらえ、自分に有利な状況を作るのは可能です。

■物件を購入するときのタイミングについて

確かに何でもかんでも指値をするという方法で良い物件を買えるケースもありますが、もしもご自分が不動産会社の仲介営業なら、そんな大家を相手にするでしょうか？

恐らく中長期的には良い案件が出ても、なかなか声をかけてくれなくなってしまうでしょう。

ポータルサイトなどでは、なかなか購入したい値段や利回りの物件に出会えないですし、仮に出会えたとしても他の人に先を越されて買えないと思います。では、一体どうすれば安く物件を購入できるのでしょうか？

例えば駅から近い満室の新しい物件があったとしても、値段が高ければ指値をすべきでしょうか？

自分の買いたい金額が現在の相場価格に近ければアプローチをしてもよいのですが、10％以上も差がある場合はしないほうがいいでしょう。

多くの場合を除いて満室であれば売主の大家は困っていないので、物件価格が下がることはないというのがその理由です。

では、どういうタイミングで交渉をすれば指値は通るのでしょうか？

【指値のタイミング】

① 雨漏りや近隣問題、何らかの事故など現所有者にとって厄介な状況が起こった場合

※売主が一般の方なら問題が解決できない、もしくは費用がとても高いため、そこに知識を持ったセミプロ大家がかかわることで大きな利益が期待できます。

②入居率が極端に下がっている物件

※まだ70%くらいの入居率なら融資もつきやすく、値段も下がりやすいのでちょうど良い物件と言えます。50%以下の入居率でも融資をつけるためには現金やその他の家賃収入、もしくは今までの再生実績など金融機関を説得するための材料が必要になります。

③リーマンショック、原発事故、コロナショックなど世界的な景気の悪化によって、投資家の購入熱が冷めているタイミング

①②③ともに収益専門の業者から買うのはなかなか難しい例ですが、こういったことを理解して適切な値段交渉を行えれば、他の大家さんに先んじて優良物件の紹介を待つのではなく、**優良物件を作り出すこと**が可能です。

満室の物件は指値が効きにくいとお話ししましたが、満室でも物件が下がるときはあります。下記の売却理由に当たった場合は、満室でも指値に挑戦してもいいと思います。

①売主が業者で決算期の直前である

② 売主が業者でサンタメ契約が切れる直前である

③ 売主が遺産相続した個人で、遺産相続の納税時期が近い

④ 売主が本当にやる気がなくて早く売りたい

一番ケースとして多いのは①と②ですが、③や④も地場の業者と関係性が深くなると教えてもらえる可能性があります。

※そんなに良い物件ならば業者が自分で買わないの？　と思われるかもしれませんが、地場の業者はあまり安く買いたたき過ぎると噂が立ってよくない、もしくは儲かるのは分かるが資金力が足りないという理由などで業者が買えないこともあるのが理由です。

■原状回復会社・工務店・ハウスクリーニング業者・エアコン設置会社——各種工事のタイミングについて

これは彼らにとって、いつ頼めば要求が通りやすいかを考えてください。

通常であれば1～4月初旬ですと、原状回復会社・工務店・ハウスクリーニング業者は非常に多忙で、指値などが強い要望はなかなか通りません。

特に7～8月のエアコン設置業者などは多忙で、通常価格でさえ長期間も待たされたり、受けてくれないときもあります。

価格にこだわるのなら、エアコンやネットを家電量販店で大量購入して、取り付けだけ頼むのがコスト的に良いのですが、これが繁忙期だと荷受けもしてもらいづらいです。

逆に言うと、この繁忙期を理解しておくのが大切になります。閑散期であれば価格交渉も可能になるので、空室が非常に多い物件の再生を行うときは発注時期をふまえ、再生プロジェクトを考えていくのがいいでしょう。

戸数が30戸を超えてくると、1人大工さんでは待たされてしまう場合も増えてきます。常に工務店や大工さんの開拓は行っておくことを強くお勧めします。

私はちょうど2020年前半に再生が必要な物件を多く仕入れたのですが、コロナの影響で普通の大家さんは不急の大規模修繕を控えるのではないかと考え、一棟物件の塗装の見積もりを複数社に行っておりました。

結果は予想を超える大成功で、やはり塗装会社にキャンセルが相次いでいたのです。たとえ安い案件でも、「職人を遊ばせておくより仕事を渡したい！」という先方の切実な事情もあり、通常価格の3割引きで受けていただけました。

本書を執筆している夏の時点で、すでに3棟の塗装工事を進めていますが、やはりピンチはチャンスでもあるという考え方が普段からできていると奇貨を得ることも可能です。

2020年はコロナでしたが、歴史が証明するように今後も経済危機は確実に起こります。皆さんもぜひ社会環境が悪くなった際は単にピンチと考えることをせず、「ピンチ＝チャンスなんだ！」と考え、他の人に先んじて利益をつかんでください。

たとえ安くやってもらったとしても相手様に喜んでもらえます。通常なら自分と相手の利害関係がぶつかる値段でも合意形成ができるので、頭の片隅に置いていただければ幸いです。

地の利　勝つための状況を整える

天の時（タイミング）の取り方がわかったら、次は地の利です。地の利とは、戦いにおいて相手よりも有利な地点を手に入れることです。大家業でいうと、競争相手よりも有利なポジションをとるという状況を指します。

では大家業でいう有利なポジションとはどんなものが考えられるでしょうか？

【大家業を有利に進めるための条件】

① 現金やキャッシュフローなどのお金
② 不動産業の知識と経験、相談ができる仲間がいる
③ 銀行が信用する財務体質を持った企業を作る

これら3つが大家業を有利に進めるために必須なものとなります。それぞれを説明しましょう。

①現金やキャッシュフローなどのお金

これは物件を購入していくうえで間違いなく必要になります。

仮にあなたが1500万円の現金を持っていると仮定します。スピード的に融資では間に合わないですが、現金で買えば絶対に儲かる、とても良い物件が2000万円で出てきても購入できないですよね？

それどころかほとんどの方は1000万円でも購入を決意することができないのではないでしょうか？

これは融資を引くときも重要で、銀行員にとっても500万円の現金を持っている人と3000万円を現金でもっている人が同じ物件の融資依頼をしてきたら、3000万円を持っている人のほうが信用度が高く融資がおりやすいわけです。

ですから100万円しかない人は、まず300万円を作ります。

1000万円を持っている人なら住宅ローンの前倒し返済など考えず、それをむしろ増やして運用のタネ銭にすることを考えないといけません。

②不動産業の知識と経験、相談ができる仲間がいる

これも説明の必要がないくらい当たり前ですよね。

魑魅魍魎が跋扈する不動産賃貸業の世界です。

かくいう私も、一冊目の著作『サラリーマンが副業で最短で年収を超える不動産投資法』（ぱる出版）で記述したように、一棟目の購入では、100冊の本を読んでも騙されてしまう怖い世界です。

初めの知識がない時こそ、しっかり学んで知識を得たうえで挑戦すべきです。

ただし奥の深い世界なので、できれば信用できる仲間や元からの友人が不動産で成功しているならラッキーです。丁寧にお願いして助言を得てから不動産投資を行えば、より勝率を上げることが可能です。

よく無料セミナーやフェイスブックなどで突然にメッセージが来て、無料で投資を教えてくれる人がいます。昔からの知り合いならまだしも、普通に考えれば見ず知らずの人が無料で時間を使ってまでして他人に儲け話など教えませんよね？　当然ほとんど裏で業者からキックバックをもらって物件を売りつけてくるケースが多いですから、その点には気を付けてください。

③銀行が信用する財務体質を持った企業を作る

不動産投資は規模を拡大していく中で銀行融資を受けますが、彼らが重要視する財務体質の強化は必須です。

収益性・自己資本比率・成長性・債務償還年数を意識して、金融機関にとって評価の高い法人を育てることで長期的に勝ち続けられる土俵ができます（第7章でこちらを深堀していきたいと思います）。

人の和　どのようにして関わる人を自分の応援者にしていくか？

これは、どうすれば相手にとって自分と付き合うことでメリットがあるかを考えていけばいいでしょう。

【対不動産仲介業者】

・現金を大量に保有していて条件をまとめたら、確実に購入してくれる

・資産背景があり金融機関のグリップが強く、融資が強い角度で期待できる

・物件再生の経験が多く、屁理屈を言わずに購入してくれる知識を有する
・すでに直接取引がある、または過去に取引のある大家さんからの紹介で無下にできない

これらの条件を満たせば、仲介業者からの扱いは他の大家よりも優先されるでしょう。

【対工務店や大工】
・多くの物件を保持していて条件をまとめたらリピートが見込める
・大家業界にネットワークがあり、他の大家さんを紹介してくれそう
・物件再生の経験が多く、修繕中に不具合が出て金額が上がってしまう場合に理解してくれると考えられる
・安くて早くて良い工務店・大工はいないので、値段重視なら他は妥協するなど安くていいものを常に求めるような、業者として付き合いたい客にならない

これらの条件を理解して満たせば、工務店や大工さんから応援が得られると思います。

【対銀行員】

・現金や資本を多く保有していて、審査部からの融資許可を得やすい
・銀行が融資承認を取るのにどれだけ労力がかかっているかを理解して、融資特約などを利用して案件をきっちりグリップできる
・物件運営の経験が長く、審査部からの融資許可を得やすい
・運営している不動産賃貸業の会社の経営で、利益を積み重ねており信用できる
・融資だけではなく預金や投資信託の購入など、銀行が求めるお付き合いも期待できる

これらの条件を満たし、忙しい彼らの仕事を理解して、彼らの成績を上げることを意識した提案ができる大家になれば、多少の無理も聞いてくれるようになるでしょう。

【対税理士・設計士・弁護士】

・大家業界にネットワークがあり、他の大家さんを紹介してくれそう
・税務・設計・法律などの最低限の知識があり会話が成り立つ
・彼ら士業の方はとにかく忙しいと理解して、時間を無駄にさせないことを心掛ける

・契約以外の素晴らしい提案をした場合、大家側から一時報酬などを提案してくれる

・白か黒かはっきりできない部分で作業を進め、思いどおりに行かなかったときでも理解を示せる人

彼らはプロの知識を使ってルールに基づいて、税務署や建築指導課から許可を取るプロです。

決して**大家の利益を最大化させるプロではありません**。

むしろ利益を最大化させるためには、白黒はっきりしない部分を攻めていく必要があります。

ただ、仮にそれをしても通常は契約書条件によって報酬増額が無いため、こちらから働きかけない限り、率先してこちらに有利な提案をしてくれることは期待するほうが酷であると理解しましょう。

相手の状況をきちんと理解して、彼我(ひが)の利益が相反とは言わないものの、合致はしていないのを前提として理解します。その上でこちらからの要求を無理のない範囲で伝えることができれば、これらプロの応援を存分に受けられるでしょう。

【対大家】

・魅力的な見た目・会話力・趣味力・人間力などを持っており、相手を楽しませられる
・大家業界に付随する業界に人脈がある
・すでに大家としての実績が多く、共通の話題や豊富な知識を共有できる

大家をしていて嫌われるタイプは、いわゆる「クレクレ君」と呼ばれる大家さんです。もともと知り合いなり同僚であれば、不動産の知識を聞かれても教えてあげられるでしょうが、初めて大家会で会った大家さんに自分が今まで苦労して、時には損をしながら培った人脈やノウハウを無料で提供するでしょうか？

多少はするかもしれませんが、常識的に全て出すなど考え難いです。

しかし成功するためには、成功している人から学ぶのが最も効率的と言えるでしょう。

私が大家会を年会費制度で運営しているのは、こういった事情からです。

一年間という時間をかけて、勉強会や懇親会、物件見学会などを通じて学んでいくことで、単発の勉強会や飲み会では、どうしても作り切れない濃い人脈やネットワークを形成します。

何でも相談ができる多くの大家仲間を作ってもらえれば、本当に一生残る財産になるでしょうし、その人脈やノウハウから得られる利益は、かなり大きな金額になってきます。

第7章

現状からの脱却

現状といっても人によって千差万別ですよね。

既に成功していて、もっと規模を拡大させたい人。

今からスタートで確実な一歩を踏み出したい人。

規模はある程度あるが想定通りの収益を出せていなくて、悩んでいる人。

本章では、現状をきちんと認識して、大家として飛躍するための基礎知識を身に付けていただければと思います。

自分の大家としてのレベルを考える

第3章で現実を認め、第4章で長期戦略を策定し、5章でCF改善を行い、6章では人間関係の改善や構築の仕方を学び、コストダウン&物件購入力の底上げができたことでしょう。

ここまでのプロセスをきちんと理解して中長期的にやり続けられれば、収益は大幅に改善していくと思います。

しかしながら初めに買ってしまっている物件によっては、まだまだ銀行から見て安全な会社の運営ではないのかもしれません。

簡単な判定基準は、今保有している物件を少し安値ですべて売却しても、確実に投資スタート時よりも利益が出ているかどうかです。

自分では儲かっているつもりでも売却時のコストを考えるとマイナスになる人や、ほとんど利益の出ていない人も多いです。ぜひ一度、冷静に自分の大家レベルを考えてみてください。

ここで大家としてのレベルについて考えてみましょう。

大家としてのレベルは大きく5つくらいに分かれます。

【大家レベル1】

いわゆる「養分」と言われる大家さん。営業電話を受けて〝節税〟になるからという理由で業者に言われるまま物件を買ってしまうレベル

基本的にいい物件は、多くの大家さん、不動産会社が血眼で探しています。いい物件であればそれこそ、現金買い付けで数時間でなくなってしまうのが普通なので、コストを掛けて電話営業しないと売れない案件というのは、その時点で利益が乗せられている高い案件と判断して間違いないと思います。

【大家レベル2】

不動産の本を何冊か読んで無料セミナーに自分から行ってみる。そして何故無料セミナーが、無料で開催されているのかも理解せず物件を購入するレベル

戦略なく「かぼちゃの馬車」やスルガ物件、今ならオリックスの融資付き案件を購入してしまう人がここに当てはまります。

【大家レベル3】

物件をある程度自分で選定できるようになったが、融資を何度持ち込んでも否認され、スピード負けして他の大家さんに負けてしまうレベル

そして、初めに自分が定めた基準よりも落ちる物件を買ってしまうことになる……。

結果は前述の【大家レベル2】とほぼ同じように、戦略なくカボチャの馬車やスルガ物件、今ならオリックスの融資付き案件を購入してしまう人がここに当てはまります。※自分で判断して、あえてオリックスやスルガで購入するのはレベル4、5に入ります。

【大家レベル4】

買えない理由を理解して、それを突破できるようになる。しかし適切な投資戦略を理解せず、たまたま読んだ○○投資法を信じ、それのみにフォーカスして利益は出せるレベル（最大利益かどうかは自分でも不明）

これはとても残念で、利益は出しているので本人は成功していると信じているのですが、プロの投資家からすれば努力の方向性が間違っていることも多いです。

例えば自分の中で作った買えない理由を、絶対に正しいと信じていませんか？

・非常にボロイ
・とても古い
・入居率が低い
・シロアリが出る
・隣人が変わった方
・近くに嫌悪施設がある
・入居付けが厳しい

などは解決できる場合も実は多いのです。逆に、金額をかければ解決できない理由はあまりありません。解決できないものは次の2つが、典型的です。

・田舎なのに駐車場が周りを含めて明らかに足りない

・地域のメイン工場や大学が撤退して、どう考えても圧倒的に住居ニーズがない

確かに解決できる理由だったとしてもコストはかかります。

そして往々にして、そのコストをかけてまで解決するほど物件価格は安くないから買わないだけです。

解決策を多く、そして高いレベルで持てば持つほど、その問題に対して解決コストを想定して備えることができて、自分にとって確実に勝てる指値をできる回数が増えていきます。

そうすれば時間の問題で、必ず物件を買って利益を出せます。

【大家レベル5】

自分の年収や家庭の持っている資産、そして自分の金銭的な目標を明確化して、そこから向かうべきゴールを正確に定められる。ゴールを達成するための、戦略・戦術を適切に設定できて目標に向かえるレベル

レベル1〜3の方は、最低でも4のレベルを目指してください。

もちろん適切な戦略を持つほうが重要なので、4ではなく、ぜひとも5を目指してください。しかし、4→5は大きなギャップがあり、このレベルになるためのアドバイスをするにしても、ヒアリングだけでも数時間かかるため難しくもあります。

ただ4まで行けば多い少ないは別にして不動産で利益を上げられます。初めに大きな物件を買わないのであれば、まず4のレベルを目指すのも悪いことではありません。

そこまでの過程で大き過ぎる物件を買うと、ベクトルがずれていたら軌道修正が効かないときがあるため、ここからは、1〜3は現時点ではすでにできている人が対象になります。

現在、4または5レベルの方、昔1〜3のレベルで買ってしまった良くない物件を持っていても、今は4か5レベルの物件を買えるならこのまま読み進めてください。

ただし自分のゴールを正確に見据えた結果、無借金で月に50万円程度のキャッシュフローを得て、両親のいる田舎の実家で家族が食べる分の野菜を作りながらのんびり兼業農家をしたいのがゴールの方は、この後の金融機関との折衝については読まなくても大丈夫です。

金融機関がお金を貸してくれるためにはどうすれば良いのか

私がこれまで数百人のご相談に乗ってきた結果ですが、99％以上の方がある程度の金融機関から借入れを行い、規模を大きくしなければ達成できないゴールを設定するべき方でした。そのため、ここからは金融機関がお金を貸してくれるためにはどうすれば良いのか、そのポイントについてご説明します。

ここでも、先に学んだ天地人はそのまま使えます。

天（金融マンや支店が、お金を貸したいタイミングを理解する）
地（金融機関が貸せるための理由、彼らが評する資産を保有する）
人（金融機関にとってメリットのあるお客様とは何かを理解して協力する）

金融機関も人の集合体で、【天：タイミング】や【人：人間関係や交渉】で動く部分もありますが、巨額のお金が動く以上、ルールがその意思決定において大きな要素を持ちます。ですから【地】が非常に重要になります。不動産投資にとってなくてはならない、そして何だかややこしくて、大家さんにとっては勉強するのが面倒な「金融機関の融資判断の評価基準」を理解して使いこなす必要があります。

本節ではそれについて学んでいきましょう。

金融機関がお金を貸してくれるかどうかには、大きく3つの軸があります。

【融資判断の評価基準】

① 我々はその金融機関にとって付き合うべき規模なのかどうか

② 基本的な資産規模が彼らの基準に達しているかどうか

③ 法人の決算資料が融資をするに値するかどうか

それでは①から③を解決していきましょう。

①我々はその金融機関にとって付き合うべき規模なのかどうか

これを一言で説明するのは難しいですが、ざっと理解するために分類すると下記のようになります。

主に投資をするエリアが、首都圏・関西・関東・北海道などで全く違ってくるため、あくまでも参考までにしてください。

【借入規模　5～10億円以上の大家さんが取引ターゲットとする金融機関】

・都市銀行、もしくは投資をよく理解している地方銀行

・給与収入などではなく、今までの投資物件の収益性や財務バランスなどを考慮して、事業として資金を融資するかどうかを判断する

10億円以上になってくると、財務状況によっては都市銀行が貸してくれなくなります。そうすると信用金庫や信用組合も重要なパートナーになります。

【借入規模が2～5億円の大家さんが取引ターゲットとする金融機関】

・都市銀行、サラリーマンの給与を投資するかどうかの判断にする地方銀行やノンバンク

仮に投資が失敗した際、その投資の他の資産だけでは回収できない量の金額に達する可能性があるため、借入規模が上がれば上がるほど、新たな資金を借りられなくなる人も出てきます。

逆に良い物件を買って適切に運営しているなら、金融機関はその実績を見てより良い条件を提示してくれるようになる規模感です。

【借入規模が2億円までの大家さんが取引ターゲットとする金融機関】

・第二地方銀行・信用組合・信用金庫・ノンバンク

主にサラリーマンの給与に対して回収できるからという理由で、物件に対して融資をしてくれることも多いです。

勿論、積算価値や収益価値を勘案しますが、それで不足している部分を万が一の場合に回収する方法としてサラリーマンの給与を目的としています。

言い換えると、年収が高い人は物件が買えてしまうため、高値掴みをしているのに融資が出てしまうケースも考えられます。

年収が低ければ融資は難しいのかといえば、そうではありません。

年収が200～300万円の会社員でも小さな物件を現金で安く買って、修繕して物件の利益を得ます。それを使って更に物件を買って……これを繰り返し、戸建て5～6戸で年間利益が300万円くらいになってくると、融資を受けて1億円以内であれば物件を購入ができるようになっていきます。

細かく分類すると地域性や総資産のバランス、そもそも事業をやっている人など、分類は無数になってしまいますが、ざっくり分けるとこの様な規模感別のお付き合いのできる金融機関があります。

この規模感が合っていないと、いくら金融機関が取り組むことができても、相手からの優先順位が下がったり、金利面でもあまり優遇は期待できないとお考えください。

投資規模のステージが大きくなるにつれてお付き合いすべき銀行が変わり、これまで融資をしてくれていた銀行が貸してくれなくなり、逆に見向きもしてくれなかった銀行が貸してくれるようになるケースが起こるため、常に柔軟に対応して情報収集していくことが求められます。

② 基本的な資産規模が彼らの基準に達しているかどうか

さて、お付き合いするべき金融機関が決まったら、その金融機関の持っている彼らからの我々投資家に対する足切りラインを考えましょう。

この純資産についても金融機関ごとに評価の仕方が異なるため、大枠を理解することに専念しましょう。

純資産の足切りラインは、法人個人を合算した現金や株などの流動資産の保有量から、総借入に対して既存物件の価値を差し引いたものです。

どうも文章だと分かりづらいですよね……。

法人個人の合算した現金と株式 ー（総借入 ー 現在の物件の担保評価）

となります。言い換えると、

法人個人の合算した現金、株式、純物件 ― 総借入

ということが可能です。

よく勘違いをしている方も多いのですが、物件を買えば買うほど融資が難しいと思っておられます。

まぁ、ある意味当たってはいます。

銀行の担保評価は、通常その物件の価格に対してかなり低く設定されるため、物件を買えば買うほど担保割れが積み重なり、その方がもともと持っていた株や現金などの純資産では、金融機関として貸金と純資産のバランスが取れないと判断されてしまうからです。

逆説的に言うと金融機関の担保の考え方を理解して、借入額よりも担保価値が大きな物件を購入できればこの様な問題は起こりません。

この純資産の足切りラインですが、どちらかというと大きな金融機関のほうが高い場合が多いです。選べるのであれば、次の順番で借入れを申し込んでいけば良いでしょう。

【理想的な借入れの順番】

①都市銀行
②第一地銀
③第二地銀
④信金・信組
⑤ノンバンク

また同じ金融機関でも支店によって、その要求ラインは大きく異なります。

この金融機関がお付き合いをしてくれるかどうかのラインは、純資産だけではなく会社員としての給与も言えることです。

関東でいうと某C銀行や某Y銀行は、都内の山手線の中の店舗と、東京近県の店舗では明らかにそのラインが違います。

地方のほうがラインは緩くなりますが、これは東京の中心部に住む方のほうが年収や資産を持っているケースが多いためで、金融機関の立場を考えれば当然ですよね。

これを踏まえて今から投資を始めたい大家さんは、そもそもの居住地をどこにするのか、既にそこから不動産投資は始まっているのです。

更に補足すると、確かに都心部の支店や本店のほうが足切りラインは高くなりますが、逆に言えば資産がしっかりしていて、そのラインを越えられるのであれば、より大きな金額の融資を受けられます。それらも踏まえて持ち込む支店を選ぶと良いでしょう。

③ 法人の決算資料が融資をするに値するかどうか

それでは融資を申し込む銀行に対して借入規模が適正で、ご自身＋法人の純資産や収益のバランスを考えて、金融機関及び支店が自分にとって有利なものを選択できたとします。

上述のものが金融機関の基準に対してマッチングしているわけですから、持ち込む物件が間違っていなければ、この時点で融資の土俵には乗ることができます。

しかし融資が厳しくなっている昨今、この段階はただスタートラインに立ったに過ぎません。

では、実際に融資を受けてスタートするためには何が必要なのでしょうか？

法人の銀行格付け（法人への評価）について考える

これもまた、金融機関からの評価が必要です。

勿論持ち込む物件が金融機関から見ても評価に値することを前提としてですが、それが問題なければ今度は法人に対しての評価です。

法人に対しての評価、いわゆる銀行格付けは決算書でほとんど決まります。

何故ならば、決算書に基づく格付けをするように金融庁が決めているからです。

金融機関は、融資先を10～12段階に分けて格付けをします。

そして、その信用格付けに則って債務者区分を決定しています。

債務者区分は、正常先・要注意先・要管理先・破綻懸念先・実質破綻先・破綻先です。

つまり格付けは、債務者区分にリンクしている非常に重要な項目と言えます。

そして金融機関はその安全性を保つために、金融庁からこの債務区分に応じて貸倒引当率を定めないといけません。

貸倒引当率とは貸倒実績率法とも言われ、過去3年間にあった貸倒損失(売上代金や貸付金の回収不能)に基づいて計算します。

当然正常先では低く、0・1%程度の貸倒引当率は、要管理先では15%にもなってしまいます。つまり金融機関は貸し出している法人が、正常先からより悪い経営状態になってしまうと、大きな損失を出すことになってしまいます。

そのため金融機関から融資を受けるには、経営者は自分の法人を正常先、悪くても注意先以上に保っていく必要があります。

そして前述のように債務区分は信用格付けによって決まりますが、その信用格付けはどのように決まるのでしょうか？

それは3つの要素から成り立っています。

第一次評価　（定量評価）……決算書の数値に基づく格付け評価
第二次評価　（定性評価）……決算書上に数値化できない要素
第三次評価　（実態評価）……決算書に合わらせない部分の返済能力

一番重要なのは、第一次評価（定量評価）……決算書の数値に基づく格付け評価ですが、これは現場の銀行営業マンにすら知らされません（貸出先に伝わって操作されるのを防ぐためです）。

また、金融機関によってもその考え方には多少の差はありますが、それでも共通する部分は多いので理解すれば正しい経営判断に近づくことができます。

第一次評価は、格付けソフトに法人の決算書のデータを入れると、自動的に財務スコアリングモデルという評価基準を使って債務者を自動評価します。

その財務スコアリングモデルによって、安全性・収益性・成長性・債務返済能力の4つの仕様から法人の評価を行います。

つまり、単純に法人の決算が黒字なら貸してくれる話でもないのです。

金融機関に評価される格付けは、収益性があることは勿論ですが、他の三つもバランス良く評価を得てスコアを上げなければいけません。

【安全性を図る要素】

・流動比率　……　流動資産÷流動負債　（特に短期負債が多すぎるとマイナス評価）

・自己資本比率　……　株主資本÷総資本　（総資本の物件については金融機関によって取得時の金額を使ったり、積算金額を使ったり、収益還元を使ったりと差がある）

・貸借対照表　……　有利子負債÷自己資本

【収益性を図る要素】

・売上高経常利益率　……　経常利益÷売上高
・総資本経常利益率　……　経常利益÷総資本
・当期利益額

第5章で提案した施策などにより収益率を上げられると、これらの数字を改善していくことができます。

【成長性を図る要素】

・経常利益増加率　……　当期経常利益÷前期経常利益
・売上高

この数字が増えていくことを理解できれば、決算期前後の物件購入の際、時期を早めたり遅らせて、この数字をより評価される数字に近づけるのは可能ですよね？

【債務返済能力を図る要素】

- **債務償還年数　……（有利子負債－運転資金）÷キャッシュフロー**
- **キャッシュフロー額　……　営業利益＋減価償却費**
- **インタレストカバレッジレシオ（借入金利息の支払い能力を測るための指標）……（営業利益＋受取利息＋受取配当金）÷（支払利息＋割引料）**

単に利益を出すだけではなく、これらの指標を理解して投資判断に組み入れていけば、意識していないほとんどの大家さんに対してはよりスコアリングが高く出やすい決算書が作れ、融資の審査上で有利になることが可能です。

銀行からのスコアリングは前述の第一次評価が8割以上を占めると言われ、次の第二次評価、第三次評価はスコアリングに影響します。

第二次評価（定性評価）……決算書上に数値化できない要素

第三次評価（実態評価）……決算書に合わらせない部分の返済能力

それらを構成する要素は知っておきましょう。第二次評価は次の3要素で構成されます。

- **経営者の能力**
- **経営計画策定能力、財務管理能力**
- **販売力（客付け力）**

それらをアピールするのが難しい場合には、次の資料を作り込むことで調整できます。融資で行き詰まっている方は作成してみても良いと思います。

【第二次評価のアピール資料】

- **市場の将来性・成長性**
- **過去の返済履歴**
- **業歴（再生経験や、入居率など自社のアピール）**

第三次評価は、第一次評価や第二次評価の評価対象には該当しない事項で、融資先の融資返済力を左右する事項を具体的にあげると「不渡り手形・回収不能売掛金・換金不能な不良在庫・貸付金の回収不能分」などで、それらは資産から控除します。

また土地や有価証券の含み損や含み益があれば、それぞれプラスマイナスの評価をして訂正します。

まとめると、金融機関から融資を引いて規模を拡大してくためには、次の4つの要素を満たしていく必要があります。

【金融機関から融資を引いて規模拡大をしていくため条件】

- **交渉先の金融機関が評価を出せて、融資金額が伸びやすい物件を探してくる**
- **借入の規模がその法人の規模に合っていて**
- **純資産が金融機関の求めている規模に達している**
- **法人の決算書が融資に値するスコアリング的に良い**

かなり難しい内容ですが、昨今融資がおりないとお嘆きの大家さんは一度、自分の分析をし直してみてはいかがでしょうか？

難しくてもその問題が認識さえできてしまえば、少しずつ改善することは可能です。全く理解していない大家さんとは数年もすれば大きな差が開いていきますよ。

第8章

キャッシュポジションを上げる上手な売却方法とは？

現金が重要！
プロ大家が十分現金があるのに、更に借り入れをする理由について

不動産投資を続けていくと、たとえ良い物件ばかり買い続けたとしても、物件の価格以外に取得税・手数料・保険など、購入時に様々な支払いがあります。

平均的に7～8％と言われるこれら物件諸経費ですが、基本的には融資を受けることができない部分です。まして、2019年からはフルローンが難しくなってきたため、頭金を入れると物件を買い続けるのがとても難しい状況になってきました。

そうなると、不動産投資で利益を増やし続けるためには、物件を定期的に購入しなければいけないのに、定期的に購入するためには常に現金が減っていく状況に陥ります。

現金が潤沢にある人なら、現金が減る前に購入した物件から得られるCFが貯まってくるので、そちらを使って問題なく買い続けられるでしょう。しかし、普通の人は物件を買っていく途中で現金の不足が起こります。

それを防ぐためには毎年出てくるCFを少しずつ貯めていく方法もありますが、これでは

時間がかかってしまいます。

どこかで物件の売却を行い転売益を大きく上げて、それを自己資本の増加に使うのが融資を恒常的に引いていく上でも極めて有効な方法となります。

物件を売却して現金を作る

物件仕入れ値と売却値によりますが通常の物件を売却すると、購入してから数年間は元本返済をしている場合なら、その元本返済で減った分、プラスマイナスいくらかの売却益（売却損）を合算したものが現金で手元に戻ってきます。更に購入時に入れていた頭金も戻ってきます。

物件を安く仕入れていた場合は、この売却のタイミングで通常の価格で売ることにより、大きな売却益を得られます。

この際、我々投資家としては「1円でも高く売りたい！」と考えるでしょう。

しかしながら多くの不動産投資家は、少しでも高く売るための方法を十分に検討しているとは言えません。ざっくりと「○%なら売れる」とは考えますが、買い手が誰で、どういう金融機関を使って、どれくらいの融資条件でそれを買ってくれるのか。そこまで考えていないのが現状です。

ある程度、売却時に購入者がどの金融機関を使ってその物件を購入するのかが分かれば、その物件が「利回り○%で売れる」など、そもそも物件の運用時の戦術をどのように設定すればよいのか方向性が変わってきます。

また、銀行の評価としては「担保が出れば融資が出る」と理解している方も多いようですが、実はそうではありません。

確かに金融機関は、担保価値の考え方としては担保をとても重要視します。その物件の持つ価値、更に彼らの安全マージンをかけて、仮に物件がうまく回らなくなったときに売却しても、彼らが貸付資金を回収できるに十分な担保価値であることが基本的な融資条件になるのは確かです。

担保価値には、積算法と収益還元法(直接還元法とＤＣＦ法)があり、銀行によってどちらを重要視するかは異なります。

どちらか悪いほうや、積算70％・収益還元30％のように混ぜて使うケースもあります。

しかし、担保評価が出るだけでは融資承認を得るのは困難です。それでは我々投資家が物件を高く売るには、何を気にしていけば良いのか整理していきましょう。

物件担保価値について

基本的に担保価値は地方であれば積算法で計算すると、物件の価格に対して担保価値が高くなるケースが多いです。逆に都心部は収益還元法で計算すると、物件の価値に対して担保価値が高くなるケースが多いです。

そのため自分の持っている物件がどのエリアに属しているのか、これが非常に重要となります。

まず初めの判断ポイントは自分の物件の担保価値が、積算法か収益還元法のどちらで高く出るかを考えることです。

これの答えが積算法の場合と、収益還元法の場合で物件の扱い方が大きく異なります。

【事例①収益還元法】

買い手が、収益還元法で評価される銀行を使って購入する可能性が高いとします。すると物件の経費を下げる、もしくは物件の家賃が高くなるように広告費やフリーレントなどを使って、物件の収益性を操作するのはとても有効です。

直接還元法にしてもＤＣＦ法にしても、物件の家賃を上げることがどちらの計算式にも大きく最終価格に影響するからです。

具体的には多少の空室期間が生じても売却を考えて、家賃を下げることによる表面利回りを下げないように注意します。

躯体にもよりますが、ある程度の都心部で新築〜築20年くらいの物件が該当するケースが多いです。

【事例②積算評価が足りない】

買い手が、積算を重視して評価する銀行を使って購入する可能性が高いとすると、物件の収益性を上げても売却価格は変わりません。ですから無理に再投資せず、物件保持中からある程度まで家賃を下げるなどに応じても良いでしょう。こうして満室を極力保ちながら運用してＣＦを貯めていきます。

躯体にもよりますが、築古で駐車場付きのファミリータイプのマンションなどが多く該当します。

具体的に事例①と②のように、売却時に家賃が売価に影響するかどうかは、買い手が使う銀行が収益還元か積算か、どちらを重要視するかで変わるため、前述の運営においての差も出てくるわけです。

【事例③積算評価が足りている】

事例②では、想定として積算が十分に出ていない物件で検討を考えましたが、逆に十分に積算が出ている物件で、買い手が使う金融機関が積算を評価するタイプの銀行の場合はどうでしょうか?

この場合は同じ積算評価型でも、事例②とは考え方が異なります。

確かに金融機関は担保価値の考え方として、前述した事例①や②の考え方を持っています。

担保価値とは、あくまでも金融機関が貸したお金を回収できないときに、売却して回収することを想定したセーフティーネットとして金融機関が設定するものです。

しかし、前述したように担保評価が出るだけでは、とうてい融資承認を得られません。

そもそも金融機関としては、借主である私たちがしっかりと運営して黒字決算することを望んでいます。この物件が生み出す収益力が高くなければお金を貸せませんし、担保価値が十分に高いなら、その収益性が拡大すればそれに合わせて融資総額が伸びます。

つまり物件の積算価値や収益還元価値が十分に出ているなら、この物件に対し次の買い手の使う金融機関の評価は、その物件の収益力に依存するのです。

この際の計算式は金融機関によって異なるものの次のように計算されます。

（物件の満室想定×入居率）－（経費＋固定資産税）－（元本返済＋金利）

融資を受けるためには、これがある程度は余裕をもってプラスで回る必要があります。

ここで注目すべきは、条件によって価格（融資額）が変わるということです。

- **満室想定額によって、売却価格（融資額）が変わる**
- **経費率によって、売却価格（融資額）が変わる**

・年数によっても、売却価格（融資額）が変わる

そのため、売却をお考えの方は物件の経費を1万円下げる、収益力を1万円上げることが、実はとても大きな価値を持つと理解してください。

何百万円も価値を変えることにつながる事実を理解して、再度5章を読んでいただけると、賃料や経費の1万円にこだわる経営ができるはずです。ぜひ取り組んでください。

事例③のケースでは、積算評価が十分に出る価格で私たちが物件を購入している（ガラガラボロボロ系の物件を安く買っている）というケースがほとんどです（積算も出ていてキレイで満室なら、そこまで安くなっていないはずなので……）。

つまり、想定されるのは田舎にあるファミリータイプのRC物件で、かつ空室率が高いものを購入しているケースになります。

そしてこの際、実は落とし穴があります。

先ほど収益力の計算を下記とお伝えしました。

（物件の満室想定×入居率）－（経費＋固定資産税）－（元本返済＋金利）

このケースの場合は上記の数式に大きく影響する入居率が低いため、なかなか融資金額が伸びません。それでもこの条件で融資が伸びるためには、今までに物件再生の実績があり、既に多くの物件を持っていて、会社として十分なキャッシュフローがある状態だけです。

今から大家業に挑戦される方は初めからこういう案件を狙わず、狙うとすれば小さめで、現金をある程度は入れて融資を受けられるものにします。

入居率で80％以上ある物件を購入して実績を積み、空室率の高い物件を安く仕入れられるように、中長期の目標と設定されるのが良いかと思います。

また、多額の現金を持っている人なら定期預金して、預金担保として金融機関に預かってもらい、融資自体は多めに受けます。

そして満室になればその預金担保を外してもらって自由に引き出せるようにするなど、コミットメントライン（融資枠）を定めることで物件を購入する方法もあります。

売却時におけるリスク

さて、売却にはどの銀行で次の購入者が購入してくれるのかも考慮して、いかに戦略を練っていくことが大切かを説明してまいりました。しかし戦略立てて考えていくときに、大きなリスクがあるのも理解しておいてください。

それは、前提条件が変わることです。

しかもそれは直近で起こっています。2017年度まで、特に関東近郊では全く経験のないサラリーマンで、資産が1000万円に満たなくても年収がある程度高ければ、1億円を超える物件をフルローンで購入できていました。

これって普通のビジネスで考えたら本当に異常なことですよね？

経験もなく担保もない人に対して、金融機関がリスクをとってまでして満額で融資をするわけですから、冷静になってみると不思議でした。

しかし金融機関の観点から考えると、この変化の激しい時代において一般の事業会社に多額の現金を貸すよりも、少なくとも現金化できる不動産としての担保価値があります。

また収益も普通の事業会社よりは安定しており、いろんな仕組みを外注できるこのビジネス（不動産賃貸業）は融資がしやすかったのも事実です。1件当たりの融資金額も大きく、リスクをとってベンチャービジネスに数百万円を貸すよりは効率が良かったのでしょう。

ところが、不動産業界にかかわる切れ者のプロの業者たちは、このような状況をいいことに銀行が満額出せる条件を調べつくしました。その物件の価値を銀行がより高く評価するように様々な仕掛けをしたり、購入する投資家の資産背景(時には就業している会社さえも)などを操作して、銀行に対して過大なリスクを取らせることが半ば常態化していました。

金融機関がこれらの方法すべてを看過するのは難しく、それゆえ金融機関としても融資姿勢を改めてより保守的に……言い換えると融資金額を大幅に控えるようになったのです。

今までジャブジャブに融資が出ていたため、多少は高くても購入していた投資家や、今から1棟目を購入したい初心者投資家は購入することをあきらめざるを得ない状況になってしまいました。

こうした変化によって、例えば都内で7%程度も売れていた新築木造は8%程度で売却されることになりましたが、これは1億円の建物でいうと1000万円以上価格が下がってしまったわけで、転売益を目指して土地を仕入れていた業者などは手痛い打撃を受けたであろうと推測されます。

売却益を考えるといっても、不動産投資は一部例外を除くとどれだけ早くても売却までに半年から1年はかかります。それに通常であれば3～5年は保持するケースが多いので、こういった経済環境の変化には常に気を付けて投資判断をしていただければと思います。

売却前に気を付けるポイント

まず売却前に塗装などの修繕を行うべきかですが、その物件の現状の状態によります。できれば修繕せずに売りたいですが、余りにボロボロですと購入側がそれを理由に指値をしたり、買う気がそがれてしまいます。

銀行によっては法定耐用年数をオーバーしていても、大規模修繕をしっかり行ってお金をかけている物件であれば融資年数を伸ばしてくれることもあります。

これはすごく重要です。

例えば重量鉄骨20年であれば法定耐用年数は34年なので、残存の14年しか次の方は融資を付けられません。

しかし修繕を行っており、購入者の使う銀行がそれによって融資をプラス10年にして、24年で融資を付けてくれるとCFが非常に回りやすくなり、物件価格としては大幅にアップして売却することが可能かもしれません。

この時、既に付き合っている金融機関が複数あり、次の購入者がその金融機関を使うと想定される場合は、修繕の前に感触を聞くことで融資額が出やすいリフォームを行えます。

この方法は、融資が付きにくくなった現在とても有効な方法なので、銀行としっかり折衝できるベテラン大家さんは是非とも参考にしてください。

また基本的に原状回復に対しては、修繕費での経費計上が可能です。

ただし外壁塗装などで今よりも優れた塗料を使うなどして、建物の価値を上げた場合は資産計上となります。

大家さんはすぐ節税したい節税したいと、単純に単年度処理をしたがる方が多いので、修繕費で経費計上することが多いと思います。

しかし次のコラムのように我々投資家には同じ利益でも、銀行からするとその意味が異なりますので、修繕費の経費上の計上項目についてはよく考えて選択してください。

コラム

融資を意識した売却益の受け取り方を考えよう

個人の場合は、長期譲渡となる満５年で物件を売却した場合と、短期譲渡で物件を売却した場合を比較すると大きく税率が変わってくるので、この点は多くの不動産投資家の方も理解されていると思います。

これに対して法人の場合は通常のＣＦで得られる１万円の利益も、売却で得られる１万円の利益も税率は何年で売ろうが変わりません。

しかしながら、実は金融機関にとって売却益はあくまでも一時的に得た所得と評価するため、融資にあまり影響しません。

そこで物件売却時に修繕して売ることにより、その修繕が資本的支出になる修繕であれば売却益が減ります。融資を受けることに対しての影響度は低いのですが、修繕費としての支出になる場合は経常利益を減らす結果になるので影響を受けやすくなります。

その際は、購入者に工務店を見積もり込みで紹介します。その分だけ物件価格を値引くなど調整することで同じ利益を得るにしても、より金融機関に評価されやすい決算書を作れますから少し意識してもらえると幸いです。

チェックポイント！

直接還元法とDCF法の違いを説明できますか？

本を読んでいると分かった気になりがちですが、ここが説明できないなら言葉の意味をgoogleで調べて、再度この章を読み直していただけると理解が深まります。

おわりに

本を読んでくださいました皆様、お疲れさまでした。

また本書に携わってくださいました製作の方、大家会でいつも楽しい時間を一緒に過ごしていただいている会員様、エピソードの紹介や、インタビューにご協力くださいました大家の方、本当に有難うございました。

本書に書いてある具体的な大家としてするべきことや考え方は、非常に高いレベルまで触れています。

間違っていただきたくないのですが、ここまで考えて、人脈を生かして行動しきれている大家さんは稀です。

初心者の大家さん、「このレベルまでやらないと成功しないのか？」と身構えなくて大丈夫です。

私は会社員として10年以上、人の転職をサポートしてきましたので、いろんな職業の大変さを理解しているつもりですが、**その中で大家業はトップ10％に入る、楽**

で儲かる仕事だと思います。

だからこそ、職業選択のプロの私が、数多くのビジネスを知ったうえで、一番時間を使って楽しんでやっているビジネスなのです。

安心してください。変な物件を買いさえしなければ、普通に経営していけば、時間を味方にして誰でも金銭的に成功することができます！

それが大家業です。

ですから皆さん頑張って、金銭的に成功しましょう！

……

………

…………

ですが、欲張りな私としては、ただの金銭的成功で終わって欲しくはないのです。

皆様の中には本当に今の会社が嫌で、人間関係がきつくて辞めたいから、食い扶持を稼ぐために大家業で儲けたいという方もおられるでしょう。

もう思い出したくもないのですが、実は私も就職した一社目は超有名ブラック企業です。そこで働いていたとき、うつ病になりビルから飛び降りそうになった過去もあります。そういった切羽詰まった状況の方に対して、もちろんお手伝いもしたいと思います。

多くの方は、将来が不安で将来的に安定した賃料収入を得たいから、大家業を目指しているのではないでしょうか？

はっきり言いますが、よほど条件が悪い方でもない限り、5年も大家業を真剣にやれば、将来不安の状況はなくなってくると思います。

ですから真剣に大家業を志される方は、その先にある幸せを追い求めてほしいと私は考えています。

勿論、お金はあって困るものではないので、一所懸命に稼いでもらって結構ですが、その稼いだ先に、お客さんが笑顔となり、お金を寄付したり、新しい産業が生まれるのが理想です。

キレイ事に聞こえるかもしれませんが、そういった次のステップを持っている方のほうが大成功しているケースが多いです。

そのような志のある方はとても魅力的で、関わる人が応援してくれるからではないでしょうか。

「大家業を頑張る！」

それを決意した時点で、金銭的な成功はある程度決まったと考えていいでしょう。

私は、自分が係わる方には成功の先にある夢について、真剣に考えて幸せなお金持ちになってほしいと思っています。

その過程で『軍師大家の会』を使って、より早く成功を手に入れてください。

皆さんに『軍師大家の会』でお会いできることを楽しみにしております！

軍師大家の会2021 の紹介ページ
https://sonshiohya.com/2021-2/

ライン@のご登録　木村厚夫（孫子大家）の行うイベントや、大家として日々の経験から役立つ情報を発信します。

発信頻度は月に1~2回程度です。

ご登録いただけましたらラインから、「『勝ち抜くための不動産投資戦略』を読んで登録した」とコメントください。

登録特典として、『確実に儲けるための物件価格の決め方』『孫子大家の物件購入時のチェックポイント』『孫子大家と関西の凄腕大家ふぁある氏の対談動画　53分　融資が下りない時代に物件を購入する方法』をプレゼントいたします。

巻末寄稿

私が主宰する「軍師大家の会」で講師を務める軍師の皆さんから寄稿いただきました。とくに初心者の方、融資が厳しいと言われる今の時期でもできる投資はあります。軍師からの熱いメッセージを受け留めてください。

宮崎（サーファー薬剤師）氏

【プロフィール】

薬科大学卒業後に薬剤師免許取得。その後かねてからの夢であったオーストラリアワーキングホリデーに行き、サーフィン三昧、海外生活を満喫し帰国。千葉で薬剤師のパートをする傍らネットショップを立ち上げインドネシアからハンモックチェアを輸入し販売するもネット通販の厳しさから断念。その後FXに手を出し、軽い火傷を負った後に「これはギャンブルであった」と後悔する。そんな時に著名不動産投資家のIさんと出会い、不動産投資の勉強を始める。家賃3万2000円の激安アパートに引っ越し、節約しながら友人と共同出資で物件を所有、売却をし資金を作り現在に至る。

【実績】

1、購入価格230万円　賃料5・8万円　表面利回り30％
2、購入価格200万円　賃料5・8万円　表面利回り34％
3、購入価格250万円　賃料6・2万円　表面利回り29％
4、購入価格500万円　賃料8万円　表面利回り19％（売却）
5、購入価格350万円　賃料5・8万円　表面利回り19％
6、購入価格350万円　賃料5・5万円　表面利回り18％（売却）
7、購入価格350万円　賃料5・5万円　表面利回り18％
8、購入価格35万円　賃料5万円　表面利回り171％
9、購入価格350万円　賃料6万円　表面利回り20％
10、購入価格200万円　賃料5・8万円　表面利回り34％
11、購入価格320万円　賃料6・5万円　表面利回り24％
12、購入価格250万円　賃料6・8万円　表面利回り33％

など他にもあります。

現状維持は「リスク」でしかない

これから不動産投資を始めようか悩んでいる人もいると思います。「やりたいけれど失敗するのが怖くて出来ない」も多いでしょう。しかし、そんな方に考えていただきたいのが「投資にはリスクはつきもの」ということです。

お金は欲しいけどリスクは犯したくない……そんなの矛盾していますよね。投資でもビジネスでもリスクをとるから利益がある訳で、全くリスクが無いものは儲かりません。

リスクが怖いのであれば国債でも買ってればいいと思います。

私が行っている**戸建て投資もロットが小さいので低リスクと言われています。しかし、それでも数百万の買い物ですから、失敗してしまえば大きな痛手**です。

ただ個人的に思うのはリスクが怖いからと言って、何もしないのもまたリスクということです。

国の借金は1000兆円を超えていて、しかも膨らみ続けています。そんな中、「老後の年金が支給されても2000万円足りない！」と、メディアでも話題になっていました。

終身雇用も終わって定年まで一つの会社で働き続けることができる保証もありません。ましてや、最近はコロナの影響で今後倒産する企業も増えてくると予想されます。そのような状況で何もしない現状維持は「リスク」でしかないのです。私はそう考えます。

チャレンジに失敗はつきもの。失敗を過度に恐れないこと！

環境は常に変化し続けています。環境が変化しているのに自分は何も変わっていなかったら、それは現状維持ではなくむしろ後退ではないでしょうか。

そもそも何か新しいことをしようとすれば失敗はつきものです。

例えばあなたが新入社員で会社勤めを始めた時に、一度でも失敗をせずに全ての仕事を覚えられましたか？

そんなことは無いですよね。誰しも大なり小なり必ず失敗をするものです。

私は失敗を失敗だとはとらえていません。「学習する機会があっただけ」と認識しています。

ただ、ここで大事なのは、「大きな失敗」はしないこと。

不動産投資でも初っ端の経験値の少ない状態で、大きなレバレッジ（融資）を効かせて誤った物件を買ってしまえばリカバリーができません。

以前、新築シェアハウス「かぼちゃの馬車」破綻事件がありましたが、あの時のように1億円規模の投資で失敗したらゲームオーバーです。

ですから、**最初から大きなロットの物件をレバレッジ（銀行融資）を効かせて購入するのでは無く、まずは小さなロットの中古区分マンションや戸建て投資から不動産投資を始めるのがオススメ**です。

小さく始めて大きくしていくのは投資の定石です。

小さな失敗であればリカバリーできます。そして、それを教訓にすれば、経験値は上がっていくものです。

そして、何かを始めるとき「あーだこーだ」と考えても仕方ありません。

本やセミナーに参加してインプットし続けていても全く意味がないんですね。知識はアウトプットして（行動して）初めて定着するものです。

例えば自転車の乗り方を動画で見続けていても乗れるようになんかなりません。実際に乗って失敗を繰り返して乗れるようになります。

まずは「行動」。当然新しいことにチャレンジすれば問題は生じるし失敗もあります。

そしたら、その時にその問題を一つずつ解決していけばいいのです。

「走りながら考える」

これがもっとも重要です。「失敗 ↓ 問題解決」していけば行くほど大家としてのレベルが上がっていきます。

そうやってPDCAサイクルを回していくんですね。失敗を過度に恐れることはありません。読者の皆さんも、ぜひ新しいチャレンジをしてください。

ふぁる氏

【プロフィール】

元東証一部上場企業の建築会社の社長室員としてサブリース建築の裏も表も知り尽くす。サラリーマン時代に学んだ経営企画やマネジメントを駆使して、多くの兼業家主や本会員をサポートしてきた実績多数。現在は専業大家の傍ら、宅建業も取得することで圧倒的な物件仕入れ力と、自身が率いるリフォームチームによる高利回りの築古再生の勝ちパターンを確立。不動産に関する深い知識と、主に西日本での広い人脈から何かと頼りにされている。自身を不動産オタクと自称するほど不動産に特化した知識と経験を有し、宅建士に加え行政書士や教員免許も有する信頼できる存在。

【実績】

・投資歴　10年
・現状　年間CF2800万円
・総借入　約4億円
・現金　6000万円
・最低金利　0・9%

融資が厳しい今だからこそできる投資がある

これから不動産で資産形成を始めようとお考えの方。不動産投資に興味はあるけれど、どうやって始めたら良いのか悩んでいる方。

ぜひ、第一歩を踏み出してください！

不動産投資とは言っても多額の借入をして優良な一棟物からスタートを切れれば理想的ですが、現金や少額の投資額からでも踏み出せる次善策があります。

それが「築古戸建て・連棟テラスを活かして一棟収益に繋げるハイブリッド戦略」です。戸建てなんて、投資対効果も小さく効率も悪いと思われがちです。

確かに戸建て・連棟テラスは着実ですが資産形成に時間がかかるため、不動産による資産形成には、スタート時点から優良な一棟物を買うことができるならそれが最善です。

ただし、一棟物はプロの業者やセミプロの大家ライバルがひしめき合う過酷な市場です。

優良な一棟物は我々が目にする機会さえなく、他者に契約成立されてしまうことも日常茶飯事です。不動産初心者が優良な一棟物を買えることは、通常はあり得ません。

だからこそ、なかなか購入できずに第一歩を踏み出せない方は、まず戸建て・連棟テラスからスタートを切って実力を備えてから、一棟物にチャレンジすることが次善の策だと言えます。

築古戸建て・連棟テラスを活かして一棟に繋げるハイブリッド戦略

一昔前ならいきなり一棟物を狙える「光速不動産投資」や「多法人スキーム」などと呼ばれる様々な手法で一棟物購入を実現し、一発逆転的な発展を遂げて短期間で卒サラリーマンを果たした大家仲間も沢山いました。

ただ、最近ではそれらの手法の再現性は乏しくなりました。サラリーマンへの融資が通りやすかったのは過去の話です。今ではサラリーマンの不動産融資への引き締めが顕著に見られるようにもなりました。

つまり、今は一発逆転を狙った方法を使いにくい時代になっているのです。

また、金融機関による保有資産の改ざんや不正融資、不動産業者との結託などによる違法行為を伴ってまで借入を起こして積み上げた、砂上の楼閣のような規模拡大の例も散見されました。

仮にこれらによって実力以上の規模にのし上がって卒サラを果たせたとしても、いつ足元を掬われるか分からず、負い目や偽りの気持ちを抱えたまま過ごすのも辛いことだと思います。

そこで私が推奨するのが、「築古戸建て・連棟テラスを活かして一棟収益に繋げるハイブリッド戦略」です。

戦略のイメージは以下になります。

① 現金でも狙えるくらいの少額で高利回りの築古戸建て・連棟テラスを購入して、大家としての一歩を踏み出す。

② 初めての収益不動産取引からリフォーム、入居者様付け、管理といった賃貸経営の一連を学び実力をつける。

③ 購入した物件からのインカム（家賃収入）を得て、大家としての喜びを感じつつ実績を積む。

④ 積み上げた黒字実績を金融機関への説得材料にすると共に、保有戸建て・連棟テラスを一棟物の購入の共同担保としても差し出す。

⑤ その他

いきなり一棟物の購入を目指すのではなく、築古戸建て・連棟テラスといった少額で購入できる案件で実践を作ってからレバレッジの効く一棟物の購入に繋げます。

これから大家さんになる方には、多少遠回りに感じられるこの戦略にて、着実かつ一定のタイミングからスピード感をもって規模拡大を果たして欲しいと願っています。

そして将来的には戸建て・連棟テラスも一棟物も購入を重ねて胸を張って卒サラを果たし、十分な安定収入を確保していただければと考えています。

一見回り道のように思われるかもしれませんが、築古戸建て・連棟テラスで筋トレをするように取り組んで大家としての実力をつけ、その実践として一棟物の購入を果たし、築古戸建て・連棟テラスで培った実力を一棟物に活かしていただきたいです。

これから不動産を通じて成功したいあなたへ

はじめの一歩を踏み出して、近い将来、楽しく充実した大家人生をご一緒しませんか？

私は関西エリアの軍師として軍師大家の会を応援しています。

軍師長の木村さんとこの会でご一緒すれば、遥かに多くの皆様の成功へのお手伝いができると思ったからです。

木村さんとは気の合う大家仲間であり、知識の豊富さや大胆かつ緻密な戦略で数多くの大家さんの成功を手助けしておられます。

その手腕は卒サラを果たした私にとっても日々勉強になり、木村さんは軍師同士の立場として非常に有難い存在です。

実際にここ最近でもこの会に入ったことで、初めて収益不動産を購入できた方々を見ています。また私が関わった案件でその第一歩を踏み出された方も複数います。

元サラリーマンの私もゼロからスタートし苦労してきた者として、不動産の初購入に関われることはとても幸せを感じる瞬間です。そうした第一歩を踏み出すきっかけとしてもご一緒できる日を楽しみにしています。

著者：木村　厚夫（孫子大家）

1981年生まれ大阪出身。
大学卒業後、営業職をしつつ不動産投資を行う。
2010年、200万円の資金で不動産投資をスタートするも、高金利&低利回りの問題だらけの失敗物件を購入してしまう。物件力改善で利益を上げて売却成功
2014年、本格的にリスタート、相続など無しに、物件売却などで現金1億円を稼ぐ
2017年から、物件数を増やし2020年現在12棟250世帯
都心から地方まで、戸建てからマンションまで、新築RCから築古や、店舗、保育園など、幅広い投資物件を手掛けている。
2017～2020年にかけて融資を受けている物件が全て、フルローンからオーバーローンでの融資を成功させており、金融機関から評価される決算書作成、銀行が高く評価する物件の仕入れが強み
・著作 『サラリーマンが副業で 最短で年収を超える不動産投資法』（ぱる出版刊）はアマゾンセールス不動産部門No1

2018年から、自ら代表を務める大家会、軍師大家の会を運営、様々な属性の約100名の会員様に対し、築古戸建てから、新築RCまで様々な分野での不動産賃貸経営をサポートしている。

勝ち抜くための不動産投資戦略

2020年10月25日　初版発行

著　者　木村 厚夫
発行人　大西 京子
発行元　とりい書房　第三編集部
〒164-0013　東京都中野区弥生町2-13-9
TEL 03-5351-5990　FAX 03-5351-5991
編集協力　布施 ゆき
制　作　喜安理絵
印　刷　藤原印刷株式会社

乱丁・落丁本等がありましたらお取り替えいたします。

ISBN978-4-86334-122-7